DOMINO

BLT

Michel Quesnel: Priester des Oratorianerordens, akademischer Grad des Studiums der Heiligen Schrift, Doktor der Theologie, ehemals Schüler an der Jerusalemer Bibelschule, heute Professor am *Institut Catholique*, dem katholischen Institut in Paris. Von 1988 bis 1994 war er dessen stellvertretender Rektor. Leidenschaftlich gerne widmet sich Michel Quesnel dem Dialog zwischen Glaube und Kultur und hat unter anderem zahlreiche Fernsehsendungen zum Thema Bibel moderiert; 15 Jahre lang hatte er gleichzeitig sowohl das Amt eines Pfarrvikars als auch das des Professors für Exegese an der theologischen Fakultät inne. Seine Lehrtätigkeit verrichtet er nach wie vor, ist aber darüber hinaus zur Zeit Leiter eines Instituts für Priesterausbildung.

Seine wichtigsten französischsprachigen Veröffentlichungen:

THEMENSPEZIFISCHE WERKE:

Baptisés dans l'Esprit, baptême et Esprit Saint dans les actes des Apôtres, Le Cerf, 1985.
Jésus-Christ selon Matthieu, synthèse théologique, Desclée, 1991.

ALLGEMEINE VERÖFFENTLICHUNGEN:

Aux sources des sacrements, Le Cerf, 1977.
Comment lire un Évangile, saint Marc, Le Seuil, 1984.
Petite Bible du baptême, Nouvelle Cité, 1987.
L'Histoire des Évangiles, Le Cerf, 1991.

VERÖFFENTLICHUNGEN SPEZIELL FÜR JUNGE LEUTE:

La Bible et son histoire, Nathan, 1991.

M I C H E L   Q U E S N E L

JESUS CHRISTUS

Ausführungen zum besseren Verständnis
Anregungen zum Nachdenken

Aus dem Französischen von
Renate Kretz

D O M I N O

BLT

DOMINO
Band 4

Deutsche Erstveröffentlichung

Der Originaltitel JÉSUS-CHRIST
ist in der *Collection DOMINOS,*
herausgegeben von Michel Serres
und Nayla Farouki, erschienen.

BLT ist ein Imprint der Verlagsgruppe Lübbe, Bergisch Gladbach
Printed in France, November 1998
Lektorat: Nicola Bartels/Vera Thielenhaus
Einbandgestaltung: © by Flammarion
Satz: Textverarbeitung Garbe, Köln
Druck und Bindung: Groupe Hérissey, Évreux Cedex
ISBN 3-404-93004-5

Inhaltsverzeichnis

Fachbegriffe, die im Glossar näher erläutert werden, sind bei ihrer erstmaligen Erwähnung im Text mit einem * gekennzeichnet.

Vorwort

Seit mehr als tausend Jahren nimmt Jesus Christus eine herausragende Stellung in der Kulturgeschichte aller Völker dieser Erde ein. Es waren zunächst die britischen Inseln, die Anfang des 7. Jahrhunderts die Zeitrechnung ab Christi Geburt zur Regel machten, später folgten die Länder, die unter der Herrschaft der Franken standen. Ab dem Jahre 1000 war diese Zeitrechnung in der ganzen christlichen Welt verbreitet. Personen, Staaten oder Institutionen, denen es widerstrebt, von der »christlichen Zeitrechnung« zu sprechen, verwenden den Begriff der »allgemein üblichen Zeitrechnung«, benutzen aber die gleiche Zählung. Aus den englischen Kürzeln CE und BCE kann man sowohl die *Christian Era* und *Before Christian Era* als auch die *Common Era* und *Before Common Era* herauslesen.

Nun sind weder alle Länder dieser Erde christlich, noch ist die christliche Religion so weit verbreitet wie die unter ihrem Einfluß entstandenen Kulturen. Nichtsdestotrotz stellt, statistisch gesprochen, die christliche Religion mit all ihren verschiedenen Strömungen auch heute noch die zahlenmäßig weltweit größte religiöse Gemeinschaft dar (vgl. Anhang S. 117), und die Bibel ist nach wie vor das in der gesamten Welt am meisten verkaufte Buch.

Trotz aller ihrer Unterschiede weisen Katholiken und Protestanten sowie Angehörige der anglikanischen und orthodoxen Kirchen doch eine Gemeinsamkeit auf: Sie alle berufen sich auf Jesus von Nazareth und sehen in ihm den Sohn Gottes. Im Islam gilt er übrigens zusammen mit Abraham, Mose und Mohammed als einer der vier großen Propheten.

Die jüdische Religion ist paradoxerweise die einzige der großen im Nahen Osten entstandenen Religionen, die Jesus – obgleich er doch Jude war – keinen besonderen Platz einräumt: Einige ihrer Anhänger sehen in ihm eine eingebildete und anmaßende Person, und auch für seine Sympathisanten ist er nur ein zu Unrecht verfolgter Weiser. Die religiöse Welt, der er entstammt, erkennt ihn also nicht als menschgewordenen Gott und Messias an.

Schon jetzt wird deutlich, daß seine Gestalt so vielschichtig ist wie die Wege, auf denen man sich ihr nähert. Den Historikern wurde Jesus von Nazareth zum Forschungsobjekt, den Christen, die ihm den Namen Christus gaben – von hebräisch »Messias«, der Gesalbte – und sich dann nach ihm benannten oder nach ihm benannt wurden, zum Gegenstand ihres Glaubens. Diese zwei unterschiedlichen Betrachtungsweisen sollen richtungsweisend sein für die beiden Teile des vorliegenden Buches; beide allerdings haben sich im Grunde genommen ein und derselben Fragestellung verschrieben: Die Gestalt Jesu Christi ist einzigartig; der Christus des Glaubens und der historische Jesus sind untrennbar miteinander verbunden. Hat Jesus Christus in einer Geschichte, die sich unaufhaltsam weiterentwickelt, in einer Zukunft, die nicht vorhersehbar ist, noch einen Platz? Und wie sieht dieser Platz aus?

Der Jordan

An seinen Ufern traf Jesus Johannes den Täufer und ließ sich von ihm taufen.

Die Ufer des Jordans haben sich seit dem Beginn unserer Zeitrechnung nicht wesentlich verändert.

Ph. © Erich Lessing/Magnum.

Jesus von Nazareth

Es gibt Menschen, die der Meinung sind, daß Jesus von Nazareth niemals existiert habe und eigentlich nichts weiter sei als eine mythologische Gestalt. Diese Meinung muß man natürlich respektieren, obwohl sie bei denjenigen, die sich ernsthaft mit dem Thema auseinandergesetzt haben, kaum anzutreffen ist.

Im allgemeinen sind sich die Historiker einig darüber, daß Jesus ein Jude war, im Lande Israel während der Herrschaft Herodes des Großen um das Jahr 750 seit der Gründung Roms geboren wurde, ein begnadeter Prediger und von einigen Jüngern umgeben war und unter Pontius Pilatus, dem Statthalter von Judäa, in Jerusalem gekreuzigt wurde, als er kaum das dreißigste Lebensjahr überschritten hatte. Die verschiedenen Quellen lassen bezüglich seines Lebens zwar weitere Schlußfolgerungen zu, müssen jedoch zu diesem Zweck äußerst gewissenhaft studiert werden.

Die Quellen

Jesus hat keinerlei von ihm verfaßte Schriften hinterlassen. Nur bei einer Gelegenheit, der Begegnung mit der Ehebrecherin, die im Evangelium* des Johannes beschrieben wird, sieht man ihn »mit dem Finger auf die Erde schreiben« (Joh. 8, 6-8). Sollten alle diejenigen, die danach streben würden, ihn zu begreifen, ohne sich auf die Schriften anderer zu berufen, diese vergänglichen Zeichen als Symbole seines unabwendbaren Entschwindens betrachten müssen?

Für Jesus gilt, was auch auf Sokrates und andere berühmte Denker zutrifft, besonders auf diejenigen der Antike: Bei allen schriftlichen Berichten über ihn handelt es sich ausschließlich um indirekte Zeugnisse, die einige Jahrzehnte nach den jeweiligen Ereignissen niedergeschrieben wurden.

Die folgende chronologische Aufzählung enthält die ältesten bekannten Schriften, die über die Ereignisse des 1. Jahrhunderts nach Jesu Tod berichten. Hier wurden allerdings nur die wichtigsten Zeugnisse aus dieser Zeit aufgelistet; die verlorengegangenen Werke, deren Existenz nur durch bruchstückhafte Zitate in unzweifelhaft neueren Schriften bekannt wurde, werden nicht genannt. Im übrigen wurden die Schriften nicht nach ihren verschiedenen literarischen Gattungen unterschieden, die sich zudem teilweise ausschließlich mit Jesus beschäftigen, während ihm andere nur einige wenige Zeilen widmen:

Zwischen 50 und 63:	Die Briefe des Apostel Paulus
Vor 70:	Das Evangelium nach Markus
Um 85:	Das Evangelium nach Matthäus Das Evangelium nach Lukas
Um 95:	Das Evangelium nach Johannes
Um 96:	Der 1. Klemensbrief, Brief des Klemens von Rom an die Korinther
Um 100:	Didache* (Zwölfapostellehre) Flavius Josephus*, *Antiquitates Judaicae* (*Jüdische Altertümer*)
Um 112:	Plinius der Jüngere, *Briefe*
113-115:	Die 7 Briefe des Ignatius von Antiochia Die *Annalen* des Tacitus
Um 120:	Sueton, *Das Leben der Zwölf Cäsaren*
Um 130:	Das apokryphe Evangelium des Petrus Das apokryphe Evangelium des Thomas

Ab Mitte des 2. Jahrhunderts etabliert sich die christliche Literatur in zunehmendem Maße, und selbstverständlich hat sie die Gestalt Jesu Christi zum Hauptthema. Gleichzeitig entsteht auch eine antichristliche Literaturrichtung. Merkwürdigerweise jedoch erscheinen die von Jesus handelnden jüdischen Zeugnisse, mit Ausnahme der Werke von Josephus Flavius, erst viel später. Auch im Koran finden sich gewisse Überlieferungen zu Jesus Christus; er wurde jedoch erst im 7. Jahrhundert unserer Zeitrechnung verfaßt.

Christliche Quellen

Bei den ältesten christlichen Quellen unterscheidet man im allgemeinen zwischen kanonischen, apokryphen und patristischen Autoren.

Unter dem Begriff der kanonischen* Literatur sind alle biblischen Bücher zusammengefaßt, das heißt diejenigen, die die Kirche* als von Gott inspiriert anerkennt. Insgesamt bilden diese Werke den Kanon der »Schriften« (*kanôn* im Griechischen bedeutet »Schilfrohr« und davon abgeleitet: »Regel, Richtschnur«). Genau wie das Alte Testament handelt es sich bei diesen literarischen Quellen um einen Maßstab des Glaubens. Sie werden in einer Sammlung von 27 verschiedenen Büchern zusammengefaßt, die außer den Briefen des Apostel Paulus und den Evangelien auch die Apostelgeschichte, die Offenbarung sowie weitere Briefe anderer Verfasser beinhaltet. Alle diese Aufzeichnungen stammen aus der Zeit vor dem Jahre 125.

Als Apokryphen bezeichnet man die religiösen Schriften, die von der Kirche nicht in den Kanon heiliger Texte aufgenommen wurden. Der Begriff Apokryphen stammt ebenfalls aus dem Griechischen und bedeutet soviel wie »verborgen, geheimgehalten«. Das Gefühl des »Eingeweihtseins«, das dieser Begriff vermittelt, übt auf das menschliche Gemüt sehr leicht die Faszination des Verbotenen aus. Die Apokryphen besitzen völlig unterschiedliche literarische Ausprägungen: Auf der einen Seite findet man hier das Evangelium des Thomas und andere Schriften, die 1945 bei den Ausgrabungen in Nag Hammadi in Ägypten gefunden wurden (u.a. das »Evangelium der Wahrheit« und das Philippusevangelium); diese wurden von Gnostikern* verfaßt, die die Ansicht vertraten, daß die Erlösung (vgl. S. 95) nur durch den Zugang zu einer Art übermenschlicher Erkenntnis (*gnosis*) erfolgen konnte – einer Erkenntnis, die von der Esoterik* beeinflußt war. Die etymologische Bedeutung der Bezeichnung Apokryphen trifft auf diese Werke am ehesten zu. Auf der anderen Seite gibt es Schriften von jüdisch-christlichen Verfassern (Christen jüdischer Herkunft), von denen jedoch nur noch einige wenige existieren (Evangelium der Hebräer, Evangelium der Ebioniten, Evangelium der Ägypter). Man kennt diese Werke nur aus den, wenn auch spärlichen, Erwähnungen durch spätere christliche Verfasser, vor allem durch Eusebios von Caesarea (263-339) und den heiligen Hieronymus (347-420). Einzig und allein das Evangelium des Petrus, von dem ein Teil in der oberägyptischen Stadt Akhmim gefunden wurde, kann aufgrund seines beträchtlichen Umfangs als aufschlußreicher zeitgenössischer Text zu Rate gezogen werden: Seine 60 kurzen Abschnitte berichten über Ereignisse im Zusammenhang mit dem Leiden Christi und seiner Auferstehung. Andere, viel später (zwischen dem 2. und 7. Jahrhundert) verfaßte Schriften entstammen eher der Volksliteratur und berichten ergänzend über das Leben Jesu in den Zeitabschnitten, über die die übrigen Evangelien sich in Schweigen hüllen – insbesondere über die Kindheit Jesu sowie von Ereignissen, die sich im Zusammenhang mit dessen Empfängnis zutrugen (Protevangelium Iacobi, das Pseudo-Matthäusevangelium etc.). Thema dieser Texte ist fast ausschließlich das Außergewöhnliche. Sie geben zwar Aufschluß über die christliche Denkweise im 1. Jahrtausend, sind jedoch den Wissenschaftlern, die die historische Erscheinung des Jesu von Nazareth erforschen möchten, nicht dienlich.

Als patristische Literatur werden die von den Kirchenvätern* – christliche Autoren der ersten fünf Jahrhunderte – verfaßten Werke bezeichnet. Man nennt die ältesten unter ihnen (etwa bis zum Jahre 150) die apostolischen Väter (griech. *apostolos* = »Gesandter Gottes«). Ihre ersten Werke wurden zeitgleich zu den letzten Schriften des Testaments verfaßt, wie zum Beispiel die Didache (auch Apostellehre genannt), die Klemensbriefe oder die Briefe des Ignatius von Antiochia. Obwohl diese Schriften von einigen Kirchen der westlichen Welt genauso wertgeschätzt werden wie die kanonischen, wurden sie von der Mehrzahl der Kirchen dennoch nicht in den Kanon der Schriften, die Sammlung der maßgebenden biblischen Bücher, aufgenommen. Sie stellen eine Art Nachfolgegeneration der christlichen Erstlingswerke dar, enthalten jedoch sehr alte Überlieferungen, die sich zum Teil auch in den neutestamentlichen Evangelien wiederfinden.

Heidnische Quellen

Drei lateinische Verfasser, nämlich Plinius der Jüngere, Tacitus und Sueton, sprechen in ihren Werken ebenfalls von Jesus. Sie nennen ihn Christus (griech. *khristos* = »der Gesalbte«) und erwähnen ihn im Zusammenhang mit den Streitigkeiten, die zwischen den Christen und den kaiserlichen Obrigkeiten Roms entbrannt waren. Das älteste dieser Zeugnisse stammt von Plinius dem Jüngeren, der unter Trajan Statthalter von Bithynien war. Ungefähr im Jahre 112 richtete dieser einen Brief an den Kaiser, um ihn über Maßnahmen zu unterrichten, die er gegen diejenigen hatte ergreifen müssen, die man beschuldigte, Christen zu sein. Nachdem er verschiedene Situationen aufgezählt hat, beschreibt er zusammenfassend folgendes:

»Sie versicherten jedoch, ihre ganze Schuld oder ihr ganzer Irrtum habe darin bestanden, daß sie sich an einem bestimmten Tage vor Sonnenaufgang zu versammeln pflegten, Christus als ihrem Gott einen Wechselgesang zu singen und sich durch Eid nicht etwa zu irgendwelchen Verbrechen zu verpflichten, sondern keinen Diebstahl, Raubüberfall oder Ehebruch zu begehen, ein gegebenes Wort nicht zu brechen, eine angemahnte Schuld nicht abzuleugnen.« (Plinius der Jüngere, *Briefe,* X, 96)

Wenig später, etwa um 116, begann Tacitus zu schreiben. Im Unterschied zu Plinius, der Christus und die Christen nur in seinem Briefwechsel erwähnte, schrieb Tacitus als Historiker: In seinen *Annalen* berichtet er, wie Nero, nachdem man ihn beschuldigt hat, den Brand von Rom im Jahre 64 unserer Zeitrechnung selbst angestiftet zu haben, nun versucht, den Christen dieses Verbrechen anzuhängen und damit den Gerüchten Einhalt zu gebieten:

»Daher schob Nero, um dem Gerede ein Ende zu machen, andere als Schuldige vor und belegte die mit den ausgesuchtesten Strafen, die, wegen ihrer Schandtaten verhaßt, vom Volk Chrestianer genannt wurden. Der Mann, von dem sich dieser Name herleitet, Christus, war unter der Herrschaft des Tiberius auf Veranlassung des Prokurators Pontius Pilatus hingerichtet worden; und für den Augenblick unterdrückt, brach der unheilvolle Aberglaube wieder hervor, nicht nur in Judäa, dem Ursprungsland dieses Übels, sondern auch in Rom, wo aus der ganzen Welt alle Greuel und Scheußlichkeiten zusammenströmen und gefeiert werden.« (Tacitus, *Annalen* 15, 44, 2-3)

Das dritte Zeugnis, Suetons *Das Leben der zwölf Cäsaren* (um 120), mutet, obwohl es aus der Feder eines Historikers stammt, als das ungenaueste an. In *Das Leben des Claudius* beschreibt er einen gewissen Khristos als Anstifter eines Aufruhrs im Rom des Jahres 49 – des Aufruhrs, der die Vertreibung der Juden durch den Kaiser zur Folge hatte. Dieses Ereignis wird in der Apostelgeschichte kurz im Zusammenhang mit der Ankunft des Paulus in Korinth erwähnt (Apg. 18, 2). Es wird allgemein angenommen, daß der Hauptgrund für die Vertreibung der Juden eine Auseinandersetzung war, in der die Juden-Christen eine nicht unwesentliche Rolle spielten.

Zwischen Juden und Christen gab es in Rom des öfteren Auseinandersetzungen, und fromme Juden gingen häufig gewalttätig gegen Christen vor.

»Die Juden, die auf Betreiben des Christus ständig Unruhe stifteten, vertrieb er aus Rom.« (Sueton, *Das Leben des Claudius*, XXV) Für Sueton scheinen die Christen hier eine Sonderform des Judentums gewesen zu sein.

In *Das Leben des Nero* weist derselbe Autor auf die den Christen zugefügten Qualen und die ihnen vom Kaiser auferlegten Beschränkungen hin:

»Dem Luxus wurden Grenzen gesetzt, öffentliche Speisungen auf Imbisse reduziert, es wurde untersagt, in den Gaststätten andere gekochte Speisen als Hülsenfrüchte und Gemüse zu verkaufen, während früher jede Art von Zukost angeboten wurde. Mit Hinrichtungen verfolgte er Christen, diese einem neuen und ruchlosen Aberglauben

Der Gute Hirte
Hierbei handelt es sich um eine der ersten bekannten Darstellungen Christi (Anfang des 3. Jh.). Jesus hütet die Herde und begibt sich auf die Suche nach dem verlorenen Schaf (Luk. 15; Joh. 10).
Rom, Katakomben des Heiligen Kalixt.
Ph. © A. Held/Artephot.

anhängende Gruppe von Menschen.« (Sueton, *Das Leben des Nero*, XVI)

Im Vergleich zu anderen, vor allem christlichen Quellen haben diese Zeugnisse den Vorteil einer gewissen Unparteilichkeit, obgleich insbesondere die Worte von Tacitus und Sueton, beides angesehene Patrizier, zugleich voller Mißbilligung gegen den im Volk verbreiteten, orientalisch geprägten Aberglauben sind. Keiner von beiden jedoch berichtet in dieser Hinsicht ausführlich, und nur Tacitus liefert Informationen über Christus selbst. Die anderen Verfasser beschränken sich im Grunde auf einen Bericht über die Unruhen, die von den Christen in Rom und in anderen Provinzen des Römischen Reiches hervorgerufen wurden.

Jüdische Quellen

Das einzige jüdische Zeugnis über Jesus stammt aus dem 1. Jahrhundert und wurde von Flavius Josephus, der im Jahre 100 unserer Zeitrechnung starb, niedergeschrieben. Er erwähnt Jesus im Zusammenhang mit dem Martyrium des Jakobus, »Bruder des Herrn«, der im Jahre 66 vom Synedrium* zum Tode verurteilt wurde:

»... er versammelte daher den hohen Rath zum Gerichte und stellte vor denselben den Bruder des Jesus, der Christus genannt wird, Jakobus mit Namen, nebst noch einigen Andern, die er als Übertreter des Gesetzes anklagte und zur Steinigung verurtheilen ließ.« (Flavius Josephus, *Jüdische Altertümer*, XX, 9, 1)

Ohne Partei zu ergreifen, haben die Kritiker immer wieder die Authentizität der Textstelle, die über »Jesus, genannt Christus« spricht, anerkannt. Im Buch XVIII der *Jüdischen Altertümer* dagegen spricht eine Stelle in einem völlig anderen, erstaunlich positiven Ton von Jesus. Dort wird sogar seine Auferstehung erwähnt, und man nimmt an, daß an dem Text, so wie er uns überliefert wurde, von christlichen

Redaktoren wesentliche Änderungen vorgenommenen worden sind.

Ein weiteres jüdisches Zeugnis über Jesus ist im babylonischen Talmud* enthalten und bezieht sich offensichtlich auf eine aus dem 2. Jahrhundert stammende Überlieferung, die im Zusammenhang mit dem Tod Jesu zu sehen ist:

»Dagegen wird ja gelehrt: Am Vorabend des Pesahfestes hängte man Jesu. Vierzig Tage vorher hatte der Herold ausgerufen: Er wird zur Steinigung hinausgeführt, weil er Zauberei getrieben und Jisrael verführt und abtrünnig gemacht hat; wer etwas zu seiner Verteidigung zu sagen hat, der komme und sage es. Da aber nichts zu seiner Verteidigung vorgebracht wurde, so hängte man ihn am Vorabend des Pesahfestes.« (Babylonischer Talmud, *Synhedrin,* 43a)

Viel später erst (10. Jh.) erscheinen die *Toledoth Yeshou* (*Geschlechtsregister Jesu*), eine Sammlung von jüdischen, gegen das Christentum gerichteten Legenden, deren sachliche Richtigkeit jedoch immer wieder in Frage gestellt wurde. In diesen Erzählungen wird hauptsächlich die im mittelalterlichen Europa vorherrschende Feindschaft zwischen Juden und Christen beschrieben.

Muslimische Quellen

Der Koran – bzw. seine Suren – sind in literarischer Hinsicht stark vom AT und vom NT abhängig. Obgleich der Koran keinesfalls vor dem 7. Jahrhundert unserer Zeitrechnung niedergeschrieben wurde, berichtet er doch von früheren Ereignissen und Personen, die zum Teil auch in der Bibel erwähnt werden: Die Opfergabe Abrahams, Joseph, der von seinen Brüdern verkauft wurde, Moses Begegnung mit dem Pharao, die Könige David und Salomo. In den Abschnitten über Jesus als dem letzten großen Propheten vor Mohammed wird hauptsächlich über seine Empfängnis, seine Geburt und seinen Tod berichtet. Wie in den kanonischen Evangelien wird auch hier beschrieben, wie Maria, ohne »von einem Menschen berührt worden zu sein«, mit Jesus schwanger ist:

»Als die Engel kamen und sagten: ›O Maria! Gott verkündigt Dir das fleischgewordenen Wort, dessen Name Jesus, der Sohn Marias ist; er wird angesehen sein im Diesseits und Jenseits, und einer von denen, die in die Nähe (Gottes) zugelassen werden. Er wird zu den Menschen sprechen in der Wiege und als Erwachsener einer der Rechtschaffenen sein.‹ Sie sagte: ›Mein Herr, wie soll ich ein Kind bekommen, wo mich kein Mann berührt hat?‹ Er sprach: ›So ist es; Gott schafft, was und wie Er will. Wenn Er irgendetwas beschlossen hat, sagt Er: es werde!, dann ist es. Und Er wird ihn lehren das Buch, die Weisheit, die Tora und das Evangelium. Und Er wird ihn zu den Kindern Israels senden.‹« (Koran, 3, 46-50)

Im Hinblick auf den Tod Jesu unterscheidet sich der Koran jedoch wesentlich von den Evangelien: Er geht davon aus, daß nicht Jesus selbst, sondern sein Doppelgänger gekreuzigt wurde. Die entsprechende Sure führt dies im Rahmen ihrer an die Juden gerichteten Vorwürfe aus:

»Und weil sie ungläubig waren und gegen Maria eine gewaltige Verleumdung aussprachen; und weil sie sagten: ›Wir haben Christus Jesus, den Sohn Marias, den Gesandten Gottes, getötet.‹ Sie haben ihn aber nicht getötet, und sie haben ihn nicht gekreuzigt, sondern es erschien ihnen eine ihm ähnliche Gestalt. Diejenigen, die über ihn uneins sind, sind im Zweifel über ihn. Sie haben kein Wissen über ihn, außer daß sie Vermutungen folgen. Aber sie haben ihn nicht wirklich getötet, sondern Gott hat ihn zu sich erhoben. Gott ist mächtig und weise.« (Koran, 4, 157-159)

Was sagt die Archäologie?

Fast alle Schriftquellen bezeugen einstimmig, daß der Mensch Jesus in einem bestimmten Land und in einer bestimmten

Epoche lebte. Zusätzlich zu dem, was die Schriften preisgegeben haben, stellt sich aber immer wieder die Frage nach archäologischen Spuren, die er in dem Lande, in dem er lebte, hinterlassen haben könnte.

Eine der sicherlich interessantesten Spuren führt nicht zu Jesus selbst zurück, sondern zu Pontius Pilatus, der vom Jahre 26 bis zum Jahre 36 Statthalter der römischen Provinz Judäa war. Bis zur Mitte des 20. Jahrhunderts kannte man ihn nur aus einigen literarischen Werken, u.a. aus den Evangelien sowie den Schriften von Flavius Josephus und Tacitus. 1961 jedoch entdeckte man im römischen Theater von Caesarea am Meer, der Provinzhauptstadt, den Sockel einer Statue, die als Inschrift sowohl den Namen des Tiberius als auch den des Pontius Pilatus trug. Hiermit war erstmals eine Inschrift gefunden worden, die diejenige Person betraf, der die Christen erwiesenermaßen bereits eine wichtige geschichtliche Rolle beigemessen hatten, zumal der Name sogar im christlichen Glaubensbekenntnis genannt wird. Die in Jerusalem aufbewahrte Inschrift ist zwar an einigen Stellen beschädigt, läßt jedoch folgende Buchstaben klar erkennen:

[…] S TIBERIEVM
[…] NTIVS PILATVS
[…] ECTUS IVDA

Neben dem Namen des Kaisers Tiberius taucht in dem Text also auch der von Pilatus auf: *Pontius Pilatus Praefectus Judae* (Pontius Pilatus, Präfekt von Judäa).

Die archäologische Forschung ist auch dann eine hilfreiche Quelle, wenn es um die jüdischen Sitten und Gebräuche zu Zeiten Jesu Christi geht. Die Ausgrabungen in Kapernaum – einer Stadt, in der sich viele der in den Evangelien berichteten Ereignisse zugetragen haben – geben beispielsweise Aufschluß darüber, wie die Menschen im 1. Jahrhundert unserer Zeitrechnung in einem Fischerdorf in Galiläa lebten: Ihre Häuser waren ineinander verschachtelt und wiesen nicht mehr als ein oder zwei geschlossene Zimmer mit Blick auf einen schattigen, von Zweigen überdachten Innenhof auf. Sehr leicht kann man sich vorstellen, wie hier der Gelähmte, bedrängt von der dichten Volksmenge, durch das Dach eines Hauses zu Jesus heruntergelassen wurde. 1968 entdeckte eine Gruppe von israelischen Forschern in der Nähe von Jerusalem das Grab eines Gekreuzigten, dessen Füße noch von einem großen Nagel durchstoßen waren. Dieser Mann war Johannes, ein Zeitgenosse Jesu. Seine Gebeine geben Aufschluß über die schrecklichen Qualen, die die Römer ihren Gefangenen zufügten.

Was Jesus selbst betrifft, so gilt es zu bedenken, daß es keinen ersichtlichen Grund gibt, warum ein einfacher Prophet aus Galiläa irgendwelche deutlichen archäologischen Spuren hätte hinterlassen sollen. Die Orte, die er aufsuchte, existieren tatsächlich, wurden von Generationen von Jüngern verehrt und bereits unter Konstantin dem Großen im frühen 4. Jahrhundert für Pilgerreisen hergerichtet, also in den ersten Jahrzehnten, in denen die Christen über ausreichende Mittel verfügten, um ihre Heiligtümer entsprechend auszustatten. Die bemerkenswertesten Bauwerke sind hier das Heilige Grab Jesu, welches zwischen 326 und 335 in Jerusalem unter Kaiser Konstantin errichtet wurde, und ein mit Tribünen ausgestatteter Rundbau, der das Grabmal der Auferstehung beherbergt. Aus derselben Zeit stammt auch die Geburtskirche in Bethlehem, die auf Geheiß der heiligen Helena, Mutter des Kaisers Konstantin, erbaut und zuletzt von Justinian im Jahre 531 restauriert wurde.

Im übrigen haben die Ausgrabungen, die zwischen 1940 und 1949 bei der Peterskirche in Rom stattfanden, sowie die Erkundung der Katakomben Hinweise auf das Leben christlicher Gemeinschaften in der Ewigen Stadt noch vor der Zeit Konstantins des Großen geben können.

Man sollte allerdings berücksichtigen, daß es sich hier um archäologische Zeugnisse handelt, die Jesus Christus natürlich nur indirekt betreffen.

Und die Schriftrollen vom Toten Meer?

1947 wurden in den Höhlen von Qumran am Toten Meer Pergamentrollen entdeckt, die schon damals die Öffentlichkeit in helle Aufregung versetzten und noch heute für Diskussionen sorgen. Diese Handschriften, deren Texte mittlerweile zum größten Teil veröffentlicht worden sind, hat man den sogenannten Essenern*, einer sehr umtriebigen, ursprünglich jüdischen Bewegung im 1. Jahrhundert unserer Zeitrechnung, zuordnen können. Die Essener waren eine asketisch lebende Gemeinschaft, die eine Antipathie gegen die Priester des Tempels in Jerusalem hegte. Im Zuge der damaligen Ausgrabungen gelang es, die Überreste eines ehemals wohl bedeutenden Bauwerks freizulegen. Die Schriftrollen, so folgerte man, waren offensichtlich ein Teil der Tempelbibliothek, die man, um sie vor der Vernichtungswut der Römer während des ersten jüdischen Krieges der Jahre 67 bis 73 zu schützen, in den nahe gelegenen Höhlen versteckt hatte.

Die Frage nach den Beziehungen zwischen der Essener-Bewegung und dem aufkommenden Christentum hat seit jeher heftige Diskussionen ausgelöst: Gehörte nicht sogar Johannes der Täufer, der Mann, der in der Wüste und an den Ufern des Jordans lebte, den Essenern an oder stand zumindest in enger Beziehung zu ihnen? Und Jesus selbst? Gewagte Thesen gingen sogar so weit, ihn mit dem »Lehrer der Gerechtigkeit« gleichzusetzen, einer mysteriösen, von den Sektenmitgliedern hochverehrten Persönlichkeit. In gleicher Weise wurde über den Apostel Paulus gesagt, er sei der »Mann der Lüge«, dessen Antipathie gegen die Essener in einigen seiner Texte zutage trete. Von der eher wissenschaftlichen Seite haben sich Inschriftenkenner dem Thema genähert und die drei kleinen griechischen Papyrusstücke, die man in der siebten Höhle zu Qumran gefunden hatte, untersucht. Sie glaubten, in ihnen Teile von christlichen Texten erkannt zu haben, im besonderen Passagen aus dem Evangelium des Markus und dem Jakobusbrief. Evangelien in Qumran! Ist dies nicht ein offenkundiger Beweis für die Rolle, die die Essener bei der Entstehung des Christentums gespielt haben?

Weder sind bisher die Wissenschaftler zu einer definitiven Schlußfolgerung gelangt, noch sollte man eine dogmatische Deutung der Funde am Toten Meer riskieren, zumal die vollständige Veröffentlichung der Handschriften nach derzeitigen Erwartungen erst ungefähr im Jahre 2000 vollendet sein wird. Bezüglich einiger Fakten sind sich die Experten bei dem derzeitigen Wissensstand jedoch weitgehend einig.

Jesus selbst gehörte mit Sicherheit nicht der Essener-Bewegung an. Seine Ansichten stehen denen der Pharisäer*-Bewegung nahe, einer im 1. Jahrhundert unserer Zeitrechnung sehr aktiven und äußerst gesetzestreuen Gruppe von Juden, die sich darum bemühte, die alten jüdischen Gesetze durch erleichternde Bestimmungen den damaligen gesellschaftlichen Bedingungen anzupassen und so praktikabel zu erhalten. Die harten Worte, die Jesus in manchen seiner Reden gegen die Pharisäer benutzt, sind nicht Ausdruck der Kritik an deren grundsätzlichen Vorstellungen; vielmehr wirft er ihnen Heuchelei vor, da es ihnen nicht um die Reinheit des Herzens, sondern um eine äußerliche Erfüllung des Gesetzes ginge, und mißbilligt die hochmütige und verächtliche Haltung, die einige von ihnen an den Tag legten.

Eine klare Aussage über Johannes den Täufer treffen zu wollen gestaltet sich weitaus schwieriger: Aufgrund seiner asketischen Lebensweise und seiner Bindung an die rituelle Reinigung durch Wasser würde man ihn eher der Essener-

Bewegung zuordnen. Auf der anderen Seite stimmen weder die Art und Weise seiner Predigten an das Volk noch die Strenge, die er gegenüber den verschiedenen Eliten zeigte, mit der Haltung der Essener überein. Vielleicht handelt es sich ja bei Johannes um einen ehemaligen Anhänger der Essener-Bewegung, der sich dann einer anderen Glaubensrichtung zuwandte.

Nach dem Jahre 70 und der Zerstörung Qumrans haben sich die Essener augenscheinlich der neu entstandenen christlichen Urgemeinde angeschlossen. All dies trug sich 40 Jahre nach dem Tod Jesu zu, in einer Zeit also, in der die ihn betreffenden Überlieferungen bereits weitgehend etabliert waren. Bezeichnend ist außerdem die Tatsache, daß – während die Pharisäer und die Sadduzäer* häufig in den Evangelien erwähnt werden – von den Essenern dort niemals die Rede ist.

Die Historiker auf der Suche nach Jesus

Im Sinne einer konsequenten und bestmöglichen Forschungsarbeit versucht der Historiker, eine Einteilung des mannigfaltigen Quellenmaterials über Jesus vorzunehmen. Einige dieser Quellen sind älteren Ursprungs als andere und einige im Vergleich mit anderen weniger zuverlässig, was ihre Objektivität betrifft. Darüber hinaus muß überprüft werden, ob die jeweiligen Daten übereinstimmen, und im Falle von Widersprüchen müssen Zuverlässigkeitskriterien ermittelt werden.

Die Objektivität der Quellen

Die modernen Historiker glauben weder an die Existenz einer objektiven Geschichte noch an völlig wertfreie Informationen. Jeder Bericht oder jede Erzählung über ein Ereignis ist vom Autor geprägt, sei es, weil er eine bestimmte Absicht verfolgt, oder weil seine Betrachtungsweise der Ereignisse gesellschaftlich oder individuell beeinflußt ist. Auch wenn Autoren sich ein großes Maß an Objektivität zum Ziel gesetzt haben, steckt hinter jedem Bericht ein Mensch, der seine Spuren hinterläßt. Gleichwohl ist anzumerken, daß man einigen Quellen zu Jesus – vornehmlich den christlichen, seien es die kanonischen Evangelien oder apokryphe Texte – eher als anderen eine gewisse Parteilichkeit unterstellen kann. Unter dem Einfluß des liberalen deutschen Protestantismus verurteilte Ernest Renan (1823-

1892) die dogmatische Haltung der vier Evangelien. Der Theologe Rudolf Bultmann (1884-1976) leugnete zwar keineswegs die historische Existenz Jesu, vertrat aber die Meinung, daß die Evangelien nicht die Absicht hatten, eine Biographie Jesu zu bieten, sondern statt dessen eine Darstellung der Verkündigung Jesu in der ersten Christengemeinde geben wollten.

Die im NT enthaltenen Mythen beschreiben ihmzufolge keine äußeren Geschehnisse oder Fakten, sondern sagen etwas über die Existenz des Menschen aus. Dementsprechend müssen sie auf die menschliche Existenz bezogen interpretiert werden. So glaubt Bultmann z.B. nicht an eine historische Auferstehung Jesu; sie soll dahingehend interpetiert werden, was für neue Existenzmöglichkeiten und -weisen sie eröffnet. Welche Richtung sie auch immer vertreten mögen, die zeitgenössischen Exegeten* bestätigen im allgemeinen übereinstimmend, daß der Glaube an die Wiederauferstehung alle frühgeschichtlichen christlichen Erzählungen über Jesus maßgeblich beeinflußt hat. Demzufolge könne keine dieser Schriften, ob kanonisch oder apokryph, als wertfreier, bloßer Tatsachenbericht angesehen werden. Im Anfang der Schrift war die Hermeneutik*!

Die lateinischen Zeugnisse scheinen auf den ersten Blick zuverlässiger zu sein als andere – doch sie sind relativ knapp, enthalten kaum verwertbare Informationen und weisen zudem noch eine ausgeprägte Subjektivität auf. Der Patrizier Tacitus zum Beispiel ist voller Geringschätzung gegenüber einer aus dem Orient stammenden religiösen Strömung, die er als »verabscheuungswürdigen Aberglauben« abtut. Sueton stempelt Khristos zum Aufrührer und hegt offensichtlich keine große Sympathie für ihn. Die den kaiserlichen Machthabern nahestehenden Verfasser lassen somit zwar nicht eine direkt feindliche Einstellung, zumindest aber gewisse Vorbehalte erkennen.

Von den späteren jüdischen Quellen könnte man ähnliches behaupten, da diese über den Konflikt zwischen Juden und Christen berichten, der schon lange schwelte und sich seit dem 2. Jahrhundert offen abzuzeichnen begann. Weitaus objektiver, wenn auch nicht sehr detailliert, sind dagegen die Schilderungen des Flavius Josephus, zum Beispiel in bezug auf die Hinrichtung des Jakobus, »des Bruders Jesu«.

Beschäftigt man sich mit den muslimischen Quellen und berücksichtigt, daß Jesus als Prophet ja auch im islamischen Glauben eine nicht unwesentliche Rolle spielt, so stellt man fest, daß die Objektivität – ähnlich wie bei den christlichen Quellen – auch hier zu wünschen übrig läßt. Textstellen, die sich mit der Kindheit und der Empfängnis Jesu beschäftigen, stimmen mit den Berichten der Evangelien, vornehmlich der Evangelien nach Lukas und Matthäus, überein. Die muslimische Vorstellung, wonach Jesus direkt in den Himmel aufgestiegen ist und an seiner Stelle ein Doppelgänger gekreuzigt wurde, kommt in ähnlicher Weise im Doketismus* zum Ausdruck, einer bereits in der Anfangszeit der Urgemeinde entstandenen Strömung, für die die Fleischwerdung nur die Annahme eines Scheinleibs ist.

Wägt man all diese Argumente ab, so könnte man hinsichtlich der Frage nach der Objektivität der existierenden Quellen geneigt sein, die Zeugnisse des Flavius Josephus und anderer römischer Verfasser zu bevorzugen. Aber auch diese sind nicht frei von einer gewissen Voreingenommenheit, und ihre inhaltliche Darstellung ist zu knapp gefaßt, als daß man es sich erlauben könnte, sich einzig und allein ihrem Studium zu widmen. Für die geschichtliche Erforschung des Jesus von Nazareth ist eine Beschäftigung mit den christlichen Quellen – sowohl den kanonischen als auch den apokryphen – unumgänglich.

Jesus heilt die Schwiegermutter des Petrus
Das junge und bartlose Antlitz Jesu erinnert an die Helden und Götter der Antike.
Elfenbeinschnitzerei. Christliches Museum, Brescia, Italien.
Ph. © G. Dagli Orti.

Die Entstehung des Quellenmaterials

Die chronologische Aufzählung der Quellen, die sich mit Jesus beschäftigen, in der Einführung zu diesem Kapitel unterstreicht noch einmal die Vorrangstellung der kanonischen Texte (Paulus und die Evangelien) in der Reihenfolge ihrer Entstehungsdaten.

Die Qualität der handschriftlichen Übertragung dieser Dokumente spricht einmal mehr für deren Einzigartigkeit.

Mehr als 5000 Handschriften des Neuen Testaments, entweder vollständig oder in Teilstücken, wurden zusammengetragen; die meisten von ihnen wurden auf Pergament niedergeschrieben, einige (häufig die ältesten) auch auf Papyrus. Hier handelt es sich, wie übrigens auch bei allen anderen Texten der Antike, nur um Abschriften von Abschriften. Ihre Anzahl jedoch sowie ihre zeitliche Nähe zur ursprünglichen Niederschrift durch die jeweiligen Autoren ergeben insgesamt eine herausragende Qualität. Die ältesten mehr oder weniger bedeutenden Schriften sind Papyrusstückchen, die aus dem 2. Jahrhundert stammen. Aus dem 4. Jahrhundert sind zwei Pergamenthandschriften erhalten, die den kompletten Text des Neuen Testaments enthalten: Der *Codex Sinaiticus* (zur Aufbewahrung im Britischen Museum in London) und der *Codex Vaticanus* (zur Aufbewahrung in der Bibliothek des Vatikans). Es existieren weitere, ebenfalls vollständige Handschriften aus dem 5. Jahrhundert. Die älteste vergleichbare Handschrift eines römischen Verfassers datiert aus dem 6. Jahrhundert und stammt von Virgil.

Die Tatsache, daß diese ehrwürdigen Dokumente in einer solchen Fülle vorhanden sind, ist hauptsächlich auf die Verwendung kanonischer Texte in der christlichen Liturgie zurückzuführen. Da apokryphe oder patristische Texte weniger häufig verwendet werden, liegen hier auch weniger Handschriften vor. Der *Codex Alexandrinus* (5. Jh.) zum Beispiel ist das einzige frühgeschichtliche Manuskript, das den angeblich von Klemens von Rom verfaßten Brief an die Korinther enthält. Dieser Codex beinhaltet auch die griechische Übersetzung des Alten Testaments sowie das Neue Testament, wobei leider die Seiten, die den Korintherbrief enthalten, stark beschädigt sind und der Text Lücken aufweist; zu seiner Vervollständigung muß man eine Handschrift aus dem 11. Jahrhundert zu Rate ziehen. In älteren Handschriften (4. Jh.) sind nur die in koptischer Sprache (ägyptische Volkssprache zu Anfang unserer Zeitrechnung) verfaßten Texte erhalten. Ähnliches gilt für die Texte der apokryphen Evangelien: Bis zum Ende des 19. Jahrhunderts wußte man lediglich aus sehr bruchstückhaften Andeutungen und Erwähnungen vom Petrusevangelium. Im Jahre 1886 entdeckte man dann eine Handschrift aus dem 8. Jahrhundert, die leider starke Beschädigungen und nicht den vollständigen Text aufwies. Das Thomasevangelium, eine Sammlung von 114 Aussprüchen Jesu, hat als älteste Grundlage eine koptische Handschrift aus dem 4. Jahrhundert, die im ägyptischen Nag Hammadi in der Büchersammlung einer christlich-gnostischen Einrichtung entdeckt wurde.

Der historische Wert von Texten läßt sich natürlich nicht nur aus dem Alter und der Qualität der Handschriften ableiten. Es kann durchaus vorkommen, daß eine sehr alte Überlieferung stark von ganz speziellen religiösen oder ideologischen Strömungen geprägt ist, wohingegen ein anderes Schriftstück, von dem nur einige wenige Abschriften existieren, die jeweiligen Ereignisse viel besser wiedergibt. So scheint zum Beispiel das Thomasevangelium die Worte Jesu am zuverlässigsten zu überliefern – auch wenn hier wegen eines eventuell gnostischen Einflusses Vorsicht geboten ist.

Alles in allem bleibt festzustellen, daß sich die kanonischen Schriften auch bezüglich des Zeitpunkts ihrer Niederschrift und der Anzahl und Qualität der vorliegenden Manuskripte am besten für eine Studie über den historischen Jesus eignen. Um eine strikte Verfahrensweise einzuhalten, sollte man zwar die apokryphen und patristischen

Werke mitberücksichtigen, sie aber nur als Ergänzung zu den älteren kanonischen Schriften betrachten.

Parallelen und Widersprüche in den Zeugnissen

In mancherlei Hinsicht ergänzen sich die verschiedenen Quellen zur Person Jesu. Einige erzählen zum Beispiel das, was andere auslassen; manche Gleichnisse werden nur von Matthäus, andere nur von Lukas erwähnt. Interessanterweise wird indirekt schon im Johannesevangelium darauf eingegangen, wie sich die einzelnen Zeugnisse ergänzen:

»Es sind noch viele andere Dinge, die Jesus getan hat. Wenn aber eins nach dem andern aufgeschrieben werden sollte, so würde, meine ich, die Welt die Bücher nicht fassen, die zu schreiben wären.« (Joh. 21, 25)

Es kommt jedoch auch vor, daß die verschiedenen Verfasser ein Ereignis oder ein Wort Jesu ganz ähnlich vortragen. Das Gleichnis vom Sämann beispielsweise findet man bei Matthäus (13, 1-23), Markus (4, 1-20), Lukas (8, 4-15) und im Thomasevangelium (9). Auch wenn einige Exegeten von einer literarischen Abhängigkeit sprechen[1] – Markus hat das früheste Evangelium verfaßt, die Evangelien von Matthäus und Lukas folgen später, und die Verfasser könnten den ersten Text eingesehen haben –, dem Historiker beweist diese Übereinstimmung einmal mehr die gute Qualität der Übertragung. Außerdem erleichtert sie seine Suche nach Taten und Worten, die tatsächlich Jesus zuzuschreiben sind.

---

1 Die literarkritisch anerkannteste Hypothese ist die der »Zwei-Quellen-Theorie«. Sie besagt erstens, daß das Markusevangelium das älteste der drei synoptischen Evangelien sei und Matthäus und Lukas als Quelle vorgelegen habe, wobei Matthäus und Lukas voneinander unabhänigig seien. Die Theorie besagt zweitens, daß Matthäus und Lukas außer Markus noch eine zweite gemeinsame Quelle benutzten. Darüber hinaus böten Matthäus und Lukas noch wichtiges Sondergut. (Anm. d. Red.)

Schwieriger gestalten sich die Fälle, in denen die Zeugnisse nicht miteinander übereinstimmen oder, schlimmer noch, sich gar zu widersprechen scheinen. Hierzu gibt es einige berühmte Beispiele, die Fragen aufwerfen, auf die man kaum eine Antwort finden kann.

Dreimal wird vom Gleichnis der zum Festmahl Geladenen berichtet: Im Evangelium nach Matthäus (22, 1-14), nach Lukas (14, 15-24) und nach Thomas (64). Alle drei weichen in ihrer Berichterstattung voneinander ab. In welchem der drei Evangelien werden nun am zuverlässigsten die Worte Jesu wiedergegeben?

Alle vier kanonischen Evangelien berichten über das sehr bekannte Ereignis, als Jesus die Händler aus dem Tempel vertrieb. Matthäus, Markus und Lukas lassen diese Begebenheit einige Tage vor Beginn der Leidensgeschichte Christi stattfinden (Matth. 21, 12-17; entsprechende Stellen bei Markus und Lukas: Mk. 11, 15-19 und Lk. 19, 45-48). Im Gegensatz dazu stellt Johannes dieses Ereignis an den Anfang der Predigtreihe Jesu (Joh. 2, 13-16). Wer hat recht?

Matthäus und Markus berichten jeweils zweimal über die Speisung des Volkes (Mt. 14, 13-21; 15, 32-39 und die entsprechenden Stellen bei Markus: Mk. 6, 31-44 und 8, 1-10). Lukas und Johannes erwähnen nur eine Speisung der Fünftausend (Luk. 9, 10-17; Joh. 6, 1-15). Haben Matthäus und Markus einfach ein und dieselbe Begebenheit zweimal dargestellt, oder haben die beiden anderen eine Speisung wegfallen lassen? Oder haben alle vier letztendlich die Begebenheit als solche erfunden?

Nach den Aussagen von Matthäus und Lukas wurde Jesus in Bethlehem geboren, einer kleinen Stadt südlich von Jerusalem, aus der auch der König David stammte. Johannes scheint diese Überlieferung außer acht zu lassen und deutet an, daß Jesus aus Galiläa, einer Provinz im Norden, und nicht aus Bethlehem stammt (Joh. 7, 41-42). Wem soll man Glauben schenken?

Während Matthäus (2, 1-12) berichtet, daß Weise aus dem Morgenland kommen, um das Kind in der Krippe zu bewundern, sind die Besucher laut Lukas (2, 8-18) Hirten. Bedeutet dies, daß beide Angaben zusammengenommen gültig sind, oder muß man davon ausgehen, daß die Verfasser jeweils nur von den Besucher erzählen, die ihren eigenen Vorstellungen am nächsten kommen.

Am 15. Nisan, dem siebten Monat des jüdischen Kalenders, wird das jüdische Passahfest gefeiert; es beginnt am Vorabend mit dem Passah- oder Sedermahl. Alle vier kanonischen Evangelien bestätigen, daß Jesus an einem Freitag gestorben ist. Das letzte Mahl, das Jesus mit seinen Jüngern einnahm, war laut Matthäus, Markus und Lukas ein Passahmahl und fand an einem Donnerstagabend statt; demgemäß wurde Jesus an einem Freitag, dem 15. Nisan, gekreuzigt. Folgt man dagegen den Aussagen Johannes, so starb Jesus, als man gerade die Lämmer für das Passahmahl schlachtete, das heißt an einem Freitag, einem 14. Nisan nachmittags; das Mahl, das er mit seinen Jüngern am Vorabend einnahm, müßte also einen Tag vor dem Passahmahl, das heißt an einem Donnerstagabend, einem 13. Nisan, stattgefunden haben. Die beiden Aussagen sind also nicht miteinander vereinbar. Will man jedoch das Leben Jesu in seiner zeitlichen Abfolge nachvollziehen, muß man sich für eine Aussage entscheiden: Gemäß der ersten nämlich wäre Jesus in einem Jahr gestorben, in dem der 15. Nisan auf einen Freitag fiel, wohingegen die zweite von einem Jahr ausgeht, in dem der 15. Nisan ein Samstag war. Wiederum stellt sich die Frage: Wer hat hier recht?

Diese Diskrepanzen und die daraus folgenden Fragestellungen machen es zwar dem Historiker nicht leicht, die ihm vorliegenden Informationen richtig einzuordnen, vermitteln ihm jedoch gleichzeitig das Gefühl einer gewissen Zuverlässigkeit. Denn daß Überlieferungen in dem Maße, wie sie weitergegeben werden, gewissen Veränderungen unterliegen, ist ja nichts Ungewöhnliches, im Gegenteil, man erlebt dies fast täglich. Viel verdächtiger sind jedoch Aussagen, die völlig miteinander in Übereinstimmung stehen, da sie oftmals entweder zur Verteidigung einer Sache frei erfunden wurden oder unter dem Druck einer um Vereinheitlichung bemühten Autorität zustande gekommen sind.

Übrigens sind drei der kanonischen Evangelien – die Evangelien nach Matthäus, nach Markus und nach Lukas – wahrscheinlich aufgrund ihrer literarischen Abhängigkeit mehr oder weniger deckungsgleich. Man bezeichnet sie deswegen auch gelegentlich als synoptische* Evangelien, weil sie bei einem Vergleich auffällige Parallelen aufweisen. Das Evangelium nach Johannes unterscheidet sich – abgesehen von einigen Ausnahmen – wesentlich von den anderen Evangelien. Das apokryphe Thomasevangelium ist wegen seiner 114 Aussprüche Jesu von besonderem Interesse; die Hälfte davon findet man fast gleichlautend in den kanonischen Evangelien wieder. Das Petrusevangelium, von dem lediglich die Textstellen über die Leidensgeschichte und die Auferstehung vorliegen, weist bezüglich der Leidensgeschichte Christi eine starke Übereinstimmung mit dem Evangelium nach Matthäus auf. Seine theatralische Beschreibung der Auferstehung steht dagegen in krassem Kontrast zur eher nüchternen und verhaltenen Berichterstattung der kanonischen Evangelien, die ja zeitlich früher verfaßt wurden. Die anderen bekannten, viel späteren apokryphen Evangelien gelten nach Ansicht der Geschichtsforscher als weniger wertvolles Quellenmaterial.

Kriterien der Historizität

Ein Geschichtswissenschaftler, der sich mit seinem Quellenmaterial beschäftigt und versucht, die historische Gestalt Jesu zu beschreiben, wird zunächst einmal mit zwei Fragen konfrontiert:

Zum einen muß man sich überlegen, wie mit den voneinander abweichenden Darstellungen in den Evangelien umzugehen ist. Sollte man ein bestimmtes Evangelium einem anderen vorziehen, und wenn ja, auf Grundlage welcher Kriterien? Oder sollte man sich vielleicht nur den gemeinsamen Nennern der einzelnen Textstellen widmen, sämtliche Abweichungen als parasitäre Auswüchse betrachten und diese entsprechend ausmerzen? Jeder einzelne Fall verdient es, separat und eingehend betrachtet zu werden. Nach genauer Untersuchung sowohl der Gemeinsamkeiten als auch der Abweichungen der verschiedenen Aussagen ist man zu der Schlußfolgerung gelangt, daß die Evangelien das Ergebnis einer umfangreichen literarischen Arbeit sind, wobei jeder der Verfasser irgendwann im Zuge der Übermittlung die eigenen Quellen, seien es schriftliche oder mündliche, nach Maßgabe seiner jeweiligen Beweggründe (Evangelisation, Liturgie, Katechese usw.) abgeändert haben könnte. Manchmal ist es möglich, durch die gründliche Untersuchung eines bestimmten Textes die vom Verfasser hinzugefügten Stellen aufzuspüren und eine Situation, die zeitlich vor der Niederschrift liegt, zu rekonstruieren. Durch die Wiederherstellung ursprünglicher Textzustände können in bestimmten Fällen sogar für diejenigen Berichte in den Evangelien gemeinsame Quellen ausfindig gemacht werden, die ansonsten beträchtlich voneinander abweichen. Dabei werden die Ergebnisse einer solchen Forschungsarbeit natürlich immer nur pure Annahmen bleiben, trotz des unendlichen Arbeitsaufwandes, den diese Untersuchungen erfordern.

Thronender Christus
Sein Thron ist irdisch, umgeben ist er vom Kosmos.
Christus vereint Himmel und Erde.
Vorderseite eines silbernen Altars aus dem 12. Jahrhundert.
Dommuseum zu Città de Castello, Italien.
Ph. © G. Dagli Orti.

Und noch eine andere Problematik wirft ernstzunehmende Schwierigkeiten auf: Die christlichen Schriftstücke, die uns überliefert worden sind, stammen von Gläubigen, die fest von der Auferstehung Christi überzeugt waren und deren Glaube an Jesus wesentlich die Art und Weise ihrer Berichte über seine Worte und Taten beeinflußt hat.

Der Morgen des Auferstehungstages stellte die Jünger vor eine völlig neue Situation: Jesus, der Verkündiger, mußte zum Verkündigten »Christus« werden – so lautet die berühmte Formulierung des Theologen Rudolf Bultmann –, und es ist außerordentlich schwierig, irgend etwas über die ihn betreffenden Ereignisse, die vor Ostern stattfanden, zu sagen oder zu schreiben. Selbst Rudolf Bultmann äußerte sich hierzu kaum, wobei er, wie oben angedeutet, weder davon ausging, daß der Tote wirklich wieder lebendig wurde, noch daß er in den Himmel aufgefahren ist.

Diejenigen, die Bultmanns Arbeit fortführten, haben seine Vorbehalte durchaus berücksichtigt, mußten aber aufgrund des wenig aufschlußreichen Quellenmaterials nach anderen Kriterien suchen, um die in den christlichen Schriftstücken erwähnten Taten und Worte Jesu der Zeit vor der Auferstehung zuordnen zu können.

Die Anzahl der Zeugnisse kann eventuell ebenfalls als wichtiges Kriterium herangezogen werden: Vom Gleichnis der zum königlichen Festmahl Geladenen berichten zum Beispiel Matthäus (22, 1-14), Lukas (14, 15-24) und Thomas (64). Daraus kann man folgern, daß es sich hier tatsächlich um Aussprüche Jesu handelt. Um zu bestimmen, in welcher endgültigen Form er dieses Gleichnis erzählt haben könnte, müßten weitere Nachforschungen angestellt werden, die jedoch letztendlich nur zu rein hypothetischen Ergebnissen führen würden – wobei auch immer noch die Möglichkeit einer gemeinsamen Quelle zu berücksichtigen wäre (vgl. Anm. S. 32).

Ein weiteres Kriterium liegt in der Übereinstimmung zwischen Zeitangaben und historischem Umfeld. Im Hinblick auf das Datum des Todes Jesu läßt die zeitliche Abfolge in den synoptischen Evangelien zum Beispiel erkennen, daß Jesus genau am Tage des jüdischen Passahfestes gekreuzigt wurde. Dies steht allerdings im Widerspruch zu den damaligen Gepflogenheiten. Unter anderem ist das der Grund, warum im allgemeinen die Zeitangaben des Johannesevangeliums vorgezogen werden: Wahrscheinlich starb Jesus am Freitag, dem 14. Nisan, also am Vorabend des Passahs, was nach dem christlichen Kalender vermutlich dem 7. April des Jahres 30, einem Freitag, entspricht.

Das aussagekräftigste Kriterium schließlich ist das der Divergenz oder Diskontinuität: Sind die Überlieferungen von Taten oder Worten Jesu weder von seinem jüdischen Umfeld deutlich beeinflußt noch von dem ihn als Herrn feiernden Christentum, so kann man diese Zeugnisse als historisch gesichert ansehen. Die Taufe Jesu durch Johannes den Täufer ist hierfür ein bezeichnendes Beispiel: Da Jesus von der christlichen Überlieferung als frei von Sünden und weit über Johannes stehend angesehen wird, muß der Bericht darüber, wie er sich einem Ritus der Sündenvergebung unterzieht, den christlichen Gemeinschaften damals sehr widerstrebt haben. Daß sie dennoch davon erzählen, muß in ihrem Willen begründet liegen, einer etablierten historischen Überlieferung zu entsprechen.

Subjektivität und Objektivität des historischen Diskurses

Untersucht man die Evangelien hinsichtlich ihrer Aussagekraft über den historischen Jesus und wendet dabei das Kriterium der Historizität an, so muß jeder Textabschnitt gesondert behandelt werden. Der jeweilige Text eines Evangeliums wird aufgeteilt in historisch gesicherte Abschnitte und solche, von denen man dies nicht behaupten kann. Doch darf man sich von dieser Art der Forschungsarbeit nicht zu der Annahme verleiten lassen, die Vergangenheit exakt rekonstruieren zu können.

Die Quellen, in denen von Jesus berichtet wird, bestehen ausschließlich aus Texten. Auch ein Christusforscher kann letztendlich nur Geschichten erzählen, einen mündlichen oder schriftlichen Bericht erstellen. In beiden Fällen bedient man sich immer einer bestimmten Ausdrucksweise. So wie sich in den schriftlichen Quellen über Jesus das Leben der Menschen, die sie niederschrieben, widerspiegelt, spiegeln sich auch in den Ausführungen eines Historikers des 20. Jahrhunderts seine eigenen Fragestellungen und die seiner Zeitgenossen wider. Der Historiker muß also eine angemessene Ausdrucksweise wählen, eine Redeweise, die dem Abstand zwischen dem Zeitpunkt des Sprechens und dem Zeitpunkt in der Vergangenheit, über den berichtet wird, Rechnung trägt.

Bei der Beschäftigung mit Jesus darf man weder den Ehrgeiz entwickeln, die 35 Jahre seines Lebens von Anfang bis Ende beschreiben zu wollen – das bestehende Quellenmaterial läßt dies nicht zu –, noch sollte man sein Leben in eine Vielzahl von Episoden unterteilen, um diese dann jeweils auf ihren geschichtlichen Wahrheitsgehalt zu überprüfen. Eine solche Überprüfung ist allenfalls bei den wichtigen Ereignissen im Leben Jesu, wie zum Beispiel seiner Geburt, der Taufe durch Johannes den Täufer oder seinem Tode, angebracht. Ansonsten geht es im allgemeinen um die Erforschung der Taten und Worte des Juden Jesu, die immer im Zusammenhang mit seiner jüdischen Umgebung gesehen werden müssen. Und man sollte nicht vergessen, daß die Ansatzpunkte und Überlegungen einer solchen scheinbar objektiven Geschichtsforschung immer auch von den Fragen beeinflußt werden, die sich die Menschen am Ende des 20. Jahrhunderts zum Thema Jesus stellen.

Jesus von Nazareth – eine vielschichtige Gestalt

Die wichtigsten Etappen im Leben Jesu

Wie bereits erwähnt, nimmt man an, daß Jesus am Freitag, dem 7. April des Jahres 30, starb. Seit dem Jahre 63 vor unserer Zeitrechnung befand sich Palästina unter römischer Herrschaft. Pontius Pilatus war in den Jahren 26 bis 36 unserer Zeitrechnung Statthalter der Provinz Judäa. Zu dieser Zeit stand Rom unter der Herrschaft des Kaisers Tiberius.

Der Tod Jesu bedeutete das Ende eines von seinen Gegnern als provokant und gefährlich angesehenen Verkündigungsauftrages und wurde vermutlich maßgeblich von den Sadduzäern angestiftet. Diese bildeten die damalige jüdische Aristokratie und bekleideten die wichtigsten hohepriesterlichen Ämter im Jerusalemer Tempel. Da sie Jesus als Unruhestifter ansahen und befürchteten, daß sich das ohnehin schon gestörte Verhältnis zwischen den Hohenpriestern und der römischen Besatzungsmacht verschlechtern würde, war es ihnen ein leichtes, den Statthalter zur Ergreifung entsprechender Maßnahmen zu bewegen. Als Nichtadliger, für den die Besatzungsmacht ihn hielt, wurde er hingerichtet; sie nagelten ihn ans Kreuz, seine Füße wurden an einem Pfahl fixiert, der in den Boden eingeschlagen war, seine Arme an den Querbalken gebunden. Innerhalb von wenigen Stunden mußte er qualvoll verenden. Kreuzigungen von mehreren Personen gleichzeitig, wie sie einige Kaiser angeordnet hatten, haben es in den Berichten aus dieser Zeit zu einer gewissen Berühmtheit gebracht.

Das Evangelium nach Johannes ist die einzige Schrift, die Aufschluß über die Dauer der Verkündigungsreisen Jesu gibt. Hier wird das Passahfest dreier aufeinanderfolgender Jahre erwähnt, wobei das dritte dem Passahfest der Kreuzigung entspricht (Joh. 2, 13; 6, 4; 11, 55). Daraus hat man abgeleitet, daß Jesu Reisen zweieinhalb Jahre dauerten und im Jahre 27 ihren Anfang nahmen. In den synoptischen Evangelien, die zudem nur das letzte Passahfest erwähnen, wird offensichtlich weniger Wert auf eine chronologische Darstellung gelegt.

»Und Jesus war, als er auftrat, etwa 30 Jahre alt«, schreibt das Evangelium nach Lukas (Luk. 3, 23). Diesem Hinweis kann man das ungefähre Jahr seiner Geburt entnehmen. Berücksichtigt man die Tatsache, daß es in der bestehenden Kalenderrechnung kein »Nulljahr« gibt, so ergibt sich aus 27 minus 30 eine -4 (das Jahr 4 vor unserer Zeitrechnung). Diese Hinweise wiederum müssen in Zusammenhang mit den an anderen Stellen erwähnten Zahlen gebracht werden: Jesus wurde während der Herrschaft Herodes des Großen geboren (Mt. 2, 1; Lk. 1, 5); Joseph und Maria reisten nach Bethlehem, um sich dort auf Anordnung des Landpflegers Quirinius einschreiben zu lassen (Lk. 2, 2). Dies macht die Sachlage komplizierter, denn eine von Quirinius angeordnete Volkszählung ist nur für das Jahr 6 unserer Zeitrechnung bekannt und Herodes der Große starb im Jahre 750 der Gründung Roms, also im Jahre 4 vor unserer Zeitrechnung.

Historiker, die unter diesen miteinander unvereinbaren Daten auswählen müssen, sind im allgemeinen der Auffassung, daß die Gleichzeitigkeit der Reise und der Volkszählung ein Irrtum ist (nur im Lukasevangelium wird darüber berichtet), und halten die Angaben über die Zeit Herodes des Großen (darüber berichten Matthäus und Lukas unabhängig voneinander) für weitaus zuverlässiger. Jesus muß also ein oder zwei Jahre vor dem Tod Herodes' geboren worden sein, im Jahre 5 oder 6 vor unserer Zeitrechnung.

Dieser Annahme zufolge hätte er im Alter von 32 Jahren angefangen zu predigen und wäre im Alter von 35 Jahren gestorben. Die Zahl 32 taucht häufig in den Überlieferungen auf; es ist es durchaus denkbar, daß sie vom Gedanken an Alexander dem Großen beeinflußt wurde, der wahrscheinlich 33 Jahre alt wurde. Das symbolische Alter eines Helden, der in der Blüte seiner Jahre stirbt.

Derartige Ungenauigkeiten sind keineswegs ungewöhnlich: Die genauen Geburtsdaten der meisten »Großen Männer« der Antike sind unbekannt, und auch heute noch wissen diejenigen unserer Zeitgenossen, die aus Kulturvölkern mit weitgehend mündlichen Überlieferungsstrukturen stammen, kaum etwas über ihr genaues Geburtsdatum. Aus all diesen Berechnungen ergibt sich daher paradoxerweise, daß Jesus sehr wahrscheinlich *ante Christum*, also vor Christi Geburt, zur Welt kam. Denn das Prinzip der Zeitrechnung ab dem Geburtsjahr Christi, das sich allmählich in der christlichen Welt durchsetzte, beruht auf einer Fehlkalkulation des skythischen Mönches Dionysus Exiguus im 6. Jahrhundert.

Als Geburtsstätte Jesu wird in den zwei Evangelien, die darüber berichten, die Stadt Bethlehem in der Provinz Judäa angegeben (Mt. 2, 1; Lk. 2, 4); Johannes jedoch (Joh. 7, 41-42) und auch andere Zeitzeugen scheinen diese Tatsache zu ignorieren, da sie von Jesus als dem Galiläer aus Nazareth sprechen. Stammt Jesus nun aus Nazareth oder aus Bethlehem? Vom historischen Standpunkt aus betrachtet, kommen beide Städte gleichermaßen in Frage.

Der Mensch Jesus

Jesus wuchs in Nazareth auf und übte wie sein Vater Joseph den Beruf des Zimmermanns aus. Handwerker waren damals ihre eigenen Herren und angesehene Bürger. Aus soziologischer Sicht gehörte Jesus also zu einer Gesellschaftsgruppe, die wir heutzutage als Kleinbürgertum bezeichnen. Alle Evangelien berichten einstimmig, daß Jesus Geschwister hatte. Ob es sich hier nun um nahe Verwandte, um Halbbrüder oder um Geschwister im genetischen Sinne handelte – letzteres erkennt die katholische Kirche nicht an –, sei dahingestellt; jedenfalls ist gut vorstellbar, daß Haus und Straße voller Kinder waren, wie bei allen Völkern des Vorderen Orients.

In den Dörfern Galiläas wurde damals aramäisch gesprochen, und dies war auch die Muttersprache Jesu. Andererseits kann man davon ausgehen, daß er auch die hebräische Sprache beherrschte, die offizielle Sprache für die Lektüre der heiligen Schriften in der Synagoge. Zudem wußte er sich in einfachen Unterhaltungen – zum Beispiel mit den Soldaten oder den römischen Beamten – der griechischen Sprache zu bedienen. Die griechische Sprache galt im 1. Jahrhundert unserer Zeitrechnung als Handelssprache des gesamten östlichen Mittelmeerraumes, wurde auch von der einfachen Bevölkerung in Rom gesprochen und nahm gewissermaßen den Platz ein, den das Englische heutzutage innehat. Wie alle Juden männlichen Geschlechts mit durchschnittlichem Bildungsniveau hatte Jesus lesen gelernt – wie die Gottesdienstordnung der Synagogen es verlangte.

Da das Schreiben den ausgebildeten Schriftgelehrten vorbehalten war, wird Jesus diese Kunst wohl nicht vollkommen beherrscht haben. Zumindest jedoch war er augenscheinlich in der Lage, Buchstaben mit Kreide oder Kohle auf die Erde zu malen, wie im Evangelium nach Johannes beschrieben (Joh. 8, 6-8).

Jesus zu Besuch bei Simon, dem Pharisäer, und seine Salbung durch die Sünderin (Lk. 7)
Einer der Hauptcharakterzüge Jesu ist seine Art, mit den Armen und den Sündern umzugehen.

Maria Magdalena ist eine der am häufigsten erwähnten Personen des Evangeliums.
Kirchenfenster in der Kathedrale zu Bourges.
Ph. © Artephot/Promophot.

Die äußere Erscheinung Jesu wird nirgendwo beschrieben. Man kann ihn sich mit leicht dunkler Haut und dunklen, gelockten und halblangen Haaren, bärtig, mit gebogener Nase – wie sie bei den Männern seines Volkes üblich war – vorstellen. Aus dem Evangelium nach Markus (Mk. 6, 56) weiß man, daß sich an seinem Gewand eine Quaste befand, ein Zeichen des Festhaltens an der Thora.

Jesus als Prediger

Außer einer einzigen berühmten Begebenheit, die des zwölfjährigen Jesu im Tempel inmitten der Lehrer sitzend (Lk. 2, 41-52) – die übrigens oft nur als Legende anerkannt wird –, wird nichts über das Leben Jesu als kleiner Junge, als Jugendlicher oder als junger Erwachsener berichtet. Diese eine Episode in einen genauen geschichtlichen Zusammenhang zu stellen fällt sehr schwer, zumal sie als eine Art symbolischer Vorwegnahme der Auferstehung dargestellt wird. Der Evangelist greift hier auf das traditionelle Motiv der drei Tage zurück und verwendet Worte, die später bei der Beschreibung der Frauen, die am Tage des Passahfestes zum offenen Grab kommen, wieder auftauchen: »Warum habt ihr mich gesucht?« (Lk. 2, 49) und: »Was sucht ihr den Lebenden bei den Toten?« (Lk. 24, 5).

Die menschliche Phantasie hat auch hier nicht haltgemacht und versucht, die in den ältesten Schriftstücken enthaltenen Lücken zu schließen. Apokryphe Evangelien, die zwischen dem 2. und 4. Jahrhundert verfaßt wurden, haben über eine Vielzahl erstaunlicher Ereignisse berichtet, über Wunder*, die das mit übernatürlichen Kräften ausgestattete Kind Jesus vollbrachte, über Unterredungen, in denen seine erstaunlichen Kenntnisse der verschiedensten Themen zutage traten. Der Sohn Gottes war dazu auserkoren, schon jetzt zu offenbaren, was er später vollbringen würde! Es wurden abstruse Hypothesen bezüglich des Wirkens Jesu in seinen jungen Jahren aufgestellt: So zum Beispiel schreibt man ihm Reisen nach Ägypten, nach Tibet und an andere Orte zu. Dort soll er Lehrmeister getroffen haben, die ihn allmählich zu dem großen Eingeweihten gemacht hätten, den man in den Schriften zu erkennen glaubte. Nirgendwo findet man historische Hinweise, die diese alten und neuen Phantastereien bestätigen könnten. Im Gegenteil, die zuverlässigsten Überlieferungen berichten, wie sehr Jesus die Leute in Nazareth mit seinem Wirken und Lehren in Erstaunen versetzte, als er nach einigen Monaten der Abwesenheit zu ihnen zurückkam. Ihre Reaktion zeigt, daß er den größten Teil seiner Jugend damit verbracht haben muß, den Beruf des Zimmermanns auszuüben, wie sein Vater Joseph es ihn gelehrt hatte (Mk. 6, 1-6).

Es scheint, als habe der gerade dreißigjährige Jesus unter dem Einfluß Johannes des Täufers, einem Prediger des Volkes, seine erste eigene Wanderreise begonnen. Die römische Herrschaft, die Bestechlichkeit der hohepriesterlichen Kreise in Jerusalem und die Revolution angestammter jüdisch-religiöser Denkstrukturen innerhalb verschiedener neuer Strömungen hatten zum Ausbruch eines regelrechten religiösen und nationalistischen Fiebers geführt. Eine solche Situation konnte verständlicherweise nicht andauern. Gott würde binnen kurzem eingreifen, die Ruchlosen bestrafen, die Gerechten belohnen, und es war demzufolge angebracht, Reue zu zeigen, damit man sich am Tage des Jüngsten Gerichts im richtigen Lager befand. Zahlreiche, als apokalyptisch bezeichnete Schriften (Apokalypse* bedeutet »Enthüllung, Offenbarung«) schürten diese Erwartungen.

Aufrufe zur Bekehrung und Bußtaufe, das waren die wesentlichen Botschaften, die Johannes der Täufer und andere Taufprediger* ihren sehr unterschiedlichen Zuhörern aus dem Volk nahebrachten. Zunächst gehörte auch Jesus zu ihnen: Er ließ sich von Johannes taufen, und daraufhin schlossen sich ihm einige Jünger aus dieser Bewegung an

(Joh. 1, 35-51). Nun begann Jesus zu predigen, wobei zu Anfang seine Worte noch durch die Taufen begleitet wurden, die er selbst oder seine Jünger vornahmen (Joh. 3, 22; 4, 1-2).

Nach und nach jedoch legte er den etwas rauhen Stil des Predigers in der Wüste ab und begab sich in die Dörfer und Städte, um dort in den Synagogen zu lehren. Die Art, in der er zu den jeweiligen Bevölkerungsgruppen sprach, paßte sich immer mehr deren jeweiligen Lebensbedingungen an. Er kündigte das Herannahen des Reiches Gottes an und daß das jüdische Volk wieder einen würdigen Führer erhalten würde, einen tatsächlichen Stellvertreter des Allmächtigen, der in der Lage sein würde, sein Volk in Recht und Gerechtigkeit zu führen. In gleicher Weise sprach er vom Kommen des Menschensohns, der in den letzten Tagen dem Weltgericht vorstehen würde.

Jesus, der, wie anfangs erläutert, den Pharisäern nahe stand, stimmte zwar in vielen Punkten mit ihnen überein – in dem Auferstehungsglauben, der messianischen Hoffnung und dem Aufruf zu Buße und Umkehr –, verurteilte jedoch aufs schärfste ihre Halsstarrigkeit. Da die Pharisäer sich durch ihre übertriebene Gesetzesfrömmigkeit im Volke unbeliebt gemacht hatten, machte ihn dies zu einem viel gehörten Prediger, der zum Freund der Geächteten und Sünder wurde, der den Frauen keine Geringschätzung entgegenbrachte und die Mächtigen, die nur auf die Wahrung ihrer Vorrechte bedacht waren, nicht mit Nachsicht behandelte. Seine Autorität im Volke wuchs, und die Vergleiche, die die Leute zwischen ihm und den professionellen Predigern vornahmen, schlugen eindeutig zu seinen Gunsten aus. Besonders eine Vortragsweise beherrschte er fast bis zur Vollkommenheit, obwohl er sie keinesfalls erfunden hat: Das Erzählen von Gleichnissen. Die Kunst des Gleichnisses besteht darin, den Zuhörer zum Nachdenken anzuregen, indem man ihm Begebenheiten erzählt, die scheinbar gar nichts mit seinem Leben oder seinem Denken zu tun haben;

bei genauem Hinhören jedoch stellt er fest, daß man ihm anhand von Bildern seine eigene Geschichte vor Augen führt. Es ist nicht einfach, sich vor den Wahrheiten zu verschließen, die einem derart eindringlich präsentiert werden.

Ohne jemals eine spezielle Ausbildung durchlaufen zu haben oder durch seine Erziehung darauf vorbereitet worden zu sein, imponierte Jesus durch die Qualität seiner Worte und offenbarte sich innerhalb weniger Monate als Lehrmeister.

Jesus als Wundertäter

Nicht nur die Gleichnisse, auch die Geschichten über die Wundertaten Jesu sind fester Bestandteil all der Zeugnisse über ihn. Seine Zeitgenossen nahmen ihn in erster Linie – wenn auch nicht ausschließlich – als denjenigen wahr, der eine Reihe von Wunderheilungen bewirkte. Der moderne Mensch der westlichen Welt, der in einem eher wissenschaftlich geprägten Umfeld aufwächst, kann sich zwar kaum der Wirkung eines Gleichnisses entziehen, verschließt sich jedoch urplötzlich, wenn es um Wundertaten und ähnliche Dinge geht. Demzufolge ist es nicht einfach, sich vorurteilsfrei mit derartigen Texten zu beschäftigen und die bereits vorgefertigte Meinung über übernatürliche Geschehnisse zurückzuhalten.

In fast allen großen Religionen dieser Welt spielen Wunder eine Rolle. Im Alten Testament sind es die Propheten Elia und Elisa, die mehrere Wundertaten bewirken – einige davon wurden übrigens als Vorbilder für die Erzählungen in den Evangelien aufgegriffen. Anknüpfend an das, was ihnen ihr Lehrmeister gezeigt hatte, wurden auch die Jünger Jesu selbst zu Wundertätern, so zumindest berichtet der von Lukas verfaßte zweite Teil der Apostelgeschichte. Auch den Kirchenvätern, vor allem den ältesten unter ihnen, s
die Überlieferungen gewisse Wundertaten zu. Fü

Vorfahren war die Vorstellung, daß Menschen, deren Leben als beispielhaft galt, Wunder vollbrachten, durchaus nichts Ungewöhnliches.

In der Kulturgeschichte werden Wunderaten nicht nur Heiligen zugeschrieben, sondern auch anderen Persönlichkeiten: In Kleinasien lebte zum Beispiel im 1. Jahrhundert unserer Zeitrechnung ein Philosoph, ein griechischer Neupythagoräer namens Apollonios von Tyana, der angeblich wundertätige Heilkräfte besaß. Dieser Mann wurde zwar nicht als Heiliger verehrt, war aber offenbar ein Wundertäter.

Menschen, die keinerlei wissenschaftliche Ausbildung oder Kenntnisse haben, sind von Natur aus eher leichtgläubig. Denn wenn man Zeuge wird von Wunderdingen und nicht in der Lage ist, eine Beziehung zwischen Ursache und Wirkung herzustellen, wähnt man sich ständig vom Übernatürlichen umgeben. Im Evangelium nach Markus wird von einer Geisteraustreibung durch Jesus berichtet. Das Kind, von dem es heißt, es sei vom Dämon besessen, weist in den Augen eines modernen Lesers die Symptome eines akuten epileptischen Anfalls auf (Mk. 9, 14-29). Im Umkehrschluß bedeutet dies, daß einige der in den Evangelien als Wunder beschriebenen Ereignisse auch als telepathische, parapsychologische und andere Erscheinungen interpretiert werden könnten. Diese sogenannten Wunder der Evangelien verlieren dadurch als solche aber keineswegs ihre Bedeutung.

Zuerst einmal gilt es festzustellen, daß die von Jesus vollbrachten Wunder für eine bestimmte Zielgruppe seiner Zeitgenossen bestimmt waren. Diese sahen – und das ist hier ausschlaggebend –, wie Gott durch die Taten Jesu wirkte. Wäre Christus auf Menschen des 20. Jahrhunderts getroffen, dann hätte er vermutlich völlig anders agiert. Will man also methodisch korrekt vorgehen, so muß man bei der Lektüre der Texte zunächst einmal das kulturelle Umfeld berücksichtigen, in dem sie verfaßt wurden.

Weiterhin gibt es Wundertaten, die in den Überlieferungen ständig erwähnt werden, für die die Medizin oder die Parapsychologie jedoch keinerlei wissenschaftliche Erklärungen findet: Die Speisung der Fünftausend ist ein Beispiel dafür. Im Bestreben, zu einer Deutung dieses Ereignisses zu gelangen, haben moderne Autoren eine interessante These aufgestellt: Die Volksmenge sei satt geworden, weil beim Zusammentreffen mit Jesus plötzlich jeder seinen Egoismus überwunden und heimlich beiseite geschaffte Vorräte mit seinen Nachbarn geteilt habe! Also schlicht und einfach ein Picknick unter Brüdern! Mit derartig profanen Vermutungen gibt sich ein Historiker natürlich nicht zufrieden. Selbst wenn man für Übernatürliches nichts übrig hat, sollte man – statt sich mit mageren Erklärungen abspeisen zu lassen – zumindest anerkennen, daß es hier um Ereignisse geht, die selbst mit Hilfe neuester wissenschaftlicher Erkenntnisse (und daran fehlt es nun wahrlich nicht) nicht erklärt werden können.

Beschäftigt man sich eingehend mit den Berichten über die Wundertaten Jesu, so muß man berücksichtigen, daß Jesus selbst ihnen einen gewissen Wert beimißt. Er bedient sich der Wunder nicht, um Menschen zum Glauben zu überreden; im Gegenteil: Seine Wundertaten entspringen erst diesem Glauben. »Dein Glaube hat dich geheilt« (Mk. 5, 34), sagt der Wundertäter denjenigen, die er von ihren Krankheiten geheilt hat. Auch will er mit seinen Wundern keine Massenbegeisterung hervorrufen – wenn er Krankheiten heilt, befiehlt er den Geheilten und deren Umfeld strengstes Stillschweigen (Mk. 5, 43). Er stellt seine Wunder als Zeichen für das Herannahen des Reiches Gottes dar, in dem es weder Krankheit noch Unterschiede zwischen Arm und Reich geben wird (Mt. 11, 2-6). Diese Wunder sind also zunächst einmal ein sprachliches Ausdrucksmittel. Sich vornehmlich auf ihren spektakulären Charakter oder die apologetische* Funktion zu konzentrieren würde den ursprünglichen Quellen nicht gerecht werden.

Abschließend kann man zu den Wundertaten Jesu bemerken, daß, wenn man sie aus den Texten, in die sie eingebettet sind, entfernen wollte, auch diese Texte ihre Gültigkeit verlören. Ein Gläubiger begreift und liest diese Stellen als Beschreibung einer übernatürlichen Erscheinung, in der er eine Botschaft entdeckt; ein Ungläubiger mag sie als Taten deuten, die zur Zeit zwar noch ungeklärt sind, eines Tages aber von der Wissenschaft aufgedeckt werden können. Wie dem auch sei: Wundertaten gehören zum Leben und Wandel des Menschen Jesus und der Art und Weise, wie er von seinen Mitmenschen – Anhängern und Gegnern – wahrgenommen wurde.

Jesus als Messias?

Der Begriff »Messias« stammt aus dem Hebräischen und bedeutet »Gesalbter«. Die griechische Entsprechung lautet »Christus«. Da alle Könige Israels, angefangen bei König David, der das jüdische Volk von 1010 bis 970 vor unserer Zeitrechnung regierte, gesalbt wurden, könnte jeder einzelne von ihnen als Messias bezeichnet werden.

Im Laufe der Jahrhunderte zerbrach das Königtum, und ein Herrscher nach dem anderen fiel in das Land der Juden ein, um es zu besetzen. Der Messias wurde demzufolge immer mehr zum Sinnbild der Hoffnung auf eine Wiederherstellung der alten Ordnung. Da jede Bevölkerungsgruppe diese Hoffnung anders zum Ausdruck brachte, gab es auch die unterschiedlichsten Vorstellungen von der Gestalt des Messias. Die Messiasgestalt, die am häufigsten herbeigesehnt wurde, war wohl diejenige des Königs, des Gesandten Gottes, der kommen sollte, um die Rechte des Volkes Israel wiederherzustellen und das Reich Gottes dauerhaft zu errichten. Nicht Heerscharen oder Streitkräfte, sondern Überzeugungskraft und Demut sollten die Stärke eines solchen Messias ausmachen. Bereits 300 Jahre vor unserer Zeitrechnung hat ein Prophet die Ankunft eines Königs, »gerecht und ein Retter, demütig, und auf einem Esel reitend, und zwar auf einem Füllen, einem Jungen der Eselin«, verkündet (Sach. 9, 9-10).

Es waren wohl hauptsächlich die apokalyptischen Strömungen, die im 1. Jahrhundert unserer Zeitrechnung dieses sehnsüchtige Warten auf den Messias hervorriefen. Sobald sich irgendein Mensch durch etwas Außergewöhnliches auszeichnete, jemand sich den Menschen als Führer anbot oder sich auch ganz einfach nur der römischen Herrschaft widersetzte, begann man sich ernsthaft zu fragen, ob es sich hierbei vielleicht um den Gesandten Gottes handeln könnte, den Messias, der sein Reich wiederherstellen würde.

Unweigerlich mußte diese Frage auch im Hinblick auf Jesus gestellt werden. Sein Auftreten war sicher nicht das eines Heerführers, sondern eher dasjenige eines königlichen Messias, dessen Handeln allein von Überzeugungskraft getrieben wurde. Er war ein Mann des Gebetes, und sein häufiges Bedürfnis, sich »unter vier Augen« mit Gott zu unterhalten, war auch seinen Mitmenschen nicht verborgen geblieben. Und er war in jeder Hinsicht ein Rabbiner, ein Meister, darin waren sich auch seine Jünger einig.

In den vier kanonischen Evangelien wird kurz nach der Beschreibung der Speisung(en) der Volksmenge über eine Begebenheit berichtet, in der Petrus – auch im Namen seiner Begleiter – Jesus voller Eifer und Engagement seine unverbrüchliche Treue erklärt, und das in der Überzeugung, durch ihn am messianischen Abenteuer teilzuhaben (Mt. 16, 13-20; Mk. 8, 27-30; Lk. 9, 18-21; Joh. 6, 66-71). Obwohl das Evangelium nach Johannes und die drei synoptischen Evangelien unterschiedliche Beschreibungen dieser Begebenheit liefern, scheint es sich hier um ein und denselben Sachverhalt zu handeln: die Anerkennung Jesu als Messias durch die ihm am nächsten stehenden Jünger.

Für die Jünger entwickelten sich die Dinge jedoch anders als erwartet. Anstatt von ihm zum Sieg geführt zu werden und ein neues Goldenes Zeitalter zu erleben, mußten sie mit ansehen, wie Jesus mit Unterstützung der obersten Macht im Volke, den Hohenpriestern, von den Römern zum Tode verurteilt wurde. Seine Begleiter verließen Jesus genau in dem Moment, als man kam, um ihn festzunehmen und zu denjenigen zu bringen, die seinen Tod beschließen würden. Als Jesus am Kreuz von Golgatha den letzten Atemzug tat, gingen seine Jünger in der Überzeugung auseinander, einem Irrtum erlegen zu sein. Nichts im israelischen Denken hatte sie darauf vorbereitet, daß der Messias, um seinen Auftrag zu erfüllen, sterben mußte; und noch weniger waren sie auf einen derartigen Tod gefaßt.

Ungeklärte Fragen

Einige andere Ereignisse im Leben Jesu – wie zum Beispiel seine Auferstehung und die vom Heiligen Geist bewirkte Empfängnis – bleiben auch nach intensiver Forschungsarbeit der Historiker ungeklärt. Mit dem Tod Jesu, darüber ist sich die Forschung einig, endet keineswegs seine Geschichte; denn aus der Gruppe der Apostel geht eine christliche Gemeinschaft hervor, die von Anbeginn ihrer Existenz unbeirrbar an der Auferstehung Christi als ihrem zentralen Thema festhält. Im Unterschied zu zuvor beschriebenen Ereignissen kommen als Zeugen der Auferstehung Jesu lediglich seine Jünger in Frage; die Beschreibung dieses Ereignisses wird damit den Glaubenszeugnissen zugeordnet. Ähnliches gilt für die in den Evangelien enthaltenen Berichte über die Kindheit Jesu, also die ersten Kapitel in den Evangelien nach Matthäus und Lukas (Mt. 1-2; Lk. 1-2). Es wäre meiner Meinung nach falsch, behaupten zu wollen, daß diese Berichte keinerlei historische Elemente enthalten; jedoch besitzen sie einen anderen Grad an

Historizität als die übrigen Beschreibungen in den Evangelien. Denn in erster Linie stellen diese Berichte eine Art erzählter Theologie dar, die noch weitaus stärker unter dem Eindruck der Auferstehung Christi steht als die Beschreibungen der sich anschließenden Kapitel.

Der Glaube an Jesus Christus findet in der Geschichte seinen Ursprung; doch er erschöpft sich nicht darin.

Jesus von Nazareth: Ein jüdischer Prediger, der seit zweitausend Jahren in aller Munde ist. Sein Leben detailgetreu aufzeichnen zu wollen wäre ein unmögliches Unterfangen; dank der Historiker, die sich mit maßgeblichen Texten, hauptsächlich den Evangelien, beschäftigt haben, wissen wir dennoch einiges über sein Leben.

Die Auferstehung Christi, von der viele Zeitzeugen berichten, gilt als Ursprung der christlichen Religion. Auch wenn die Kirchen heutzutage immer mehr an Einfluß verlieren, kann der Glaube an Jesus Christus vielen Menschen Hoffnung geben.

Der Christus

Niemand würde heute mehr über Jesus von Nazareth reden – einen Mann, der zu Zeiten des Kaiser Tiberius von Pontius Pilatus zum Kreuzestod verurteilt wurde –, wenn nicht einige aus der Schar derer, die Jesus zu seinen Lebzeiten gekannt und ihn begleitet hatten, drei Tage nach seinem Martertod behauptet hätten, er sei von den Toten auferstanden. In den Tagen danach gab es einige – den schriftlichen Überlieferungen zufolge einige Hunderte –, die überzeugt waren, Jesus lebend gesehen zu haben. Diese Gruppe von Menschen begann nun, unbeirrbar ihre Überzeugung kundzutun und Anhänger zu gewinnen. Dies war die Geburtsstunde einer neuen Religion, einer Religion, die man einige Jahrzehnte später als das Christentum bezeichnen würde.

Unter Christentum verstehen die Etymologen diejenige Religion, die Jesus als *den Christus*, den im AT angekündigten Messias anerkennt und ihn als universalen Erlöser betrachtet. Aus der Apostelgeschichte weiß man, daß die Bezeichnung »Christen« zum ersten Mal um das Jahr 43 unserer Zeitrechnung in Antiochia, der damaligen Hauptstadt der Provinz Syrien, auftauchte und dort als Namensgebung für die Gruppe von Menschen diente, die an die Auferste-

---

Die St.-Patrick-Kathedrale in New York
(vorhergehende Seite)
So wie diese Kathedrale ihren Platz im Herzen einer Großstadt hat, so hat auch Jesus seinen Platz im Herzen der Welt.
Ph. © Mario Ponta/Ciric.

hung des Jesus von Nazareth glaubte (Apg. 11, 26). Da dieser Gruppe neben den Judenchristen auch sogenannte Heidenchristen – Menschen nicht-jüdischer Herkunft – angehörten, mußte für sie ein besonderer Name gefunden werden; die gewählte Bezeichnung »Christen« hat, wie wir wissen, bis zum heutigen Tage ihre Gültigkeit behalten.

Wenn auch in den Augen der modernen Christen Jesus immer noch als der von Pontius Pilatus zum Kreuzestod verurteilte Messias des Volkes Israel gilt, so geht deren Verständnis der Person Jesu jedoch weit über diese Ursprünge hinaus. Sie erkennen in ihm den Herrn, den Sohn Gottes. Die in der Bibel und in der jüdischen Überlieferung dargestellte Gestalt Gottes veränderte und erweiterte sich dank der Geschehnisse, die sich im Jahre 30 im Heiligen Land ereigneten, und der theologischen bzw. geistig-religiösen Diskussion, die daraus hervorging.

Im folgenden wird Jesus von Nazareth aus der Sicht des christlichen Glaubens betrachtet, eines Glaubens, dem der Verfasser selbst angehört. Damit unterscheiden sich die folgenden Darlegungen in zweifacher Hinsicht von den vorherigen.

Zunächst einmal wird von Jesus als dem Auferstandenen gesprochen, demjenigen, der nach seiner Zeit als Verkünder der Botschaft von Liebe und von Vergebung selbst zum Kernthema einer neuen Botschaft geworden ist. Eine kirchliche Gemeinschaft (griech. *ecclesia* = eigentlich »Versammlung«, später im christlichen Gebrauch »Kirche«) beruft sich auf ihn; er wird zum Gesprächsgegenstand, seine Worte und Taten werden zum Vorbild genommen, durch ihn entsteht eine neue Religion. All diese Aspekte sind zwar sachlich nachvollziehbar, müssen aber dennoch als Ergebnis von glaubensbezogenen Interpretationen im Hinblick auf die Person Jesu gesehen werden.

Der zweite Unterschied liegt darin, daß sich der Verfasser hier als Gläubiger zu erkennen gibt und die Position des Wissenschaftlers, der sich schlicht und einfach dem Studium der christlichen Religion widmet, verläßt. Dies ist nicht gleichbedeutend mit Unsachlichkeit, im Gegenteil: Manche Fragestellungen gewinnen, wenn man sie vom Standpunkt des Insiders aus betrachtet. Durchweg propagandistische Reden sind verständlicherweise für einen intellektuell anspruchsvollen Zuhörer eine Tortur; auf der anderen Seite gelingt es einem durch völlig neutrale Stellungnahmen nicht immer optimal, gewisse Kenntnisse über ein bestimmtes Thema zu vermitteln. Jeder Forscher ist gleichzeitig auch Zeuge – vor allem der Forscher, der sich Gott zum Gegenstand seiner Forschung gewählt hat.

Jesus Christus, der Herr

Grundlage des christlichen Glaubens ist die Auferstehung Jesu: »Ist aber Christus nicht auferstanden, so ist unsere Predigt vergeblich, so ist auch euer Glaube vergeblich.« So schreibt der Apostel Paulus im Jahre 55 n. Chr. an die Gemeinde in Korinth, also 25 Jahre nach Entdeckung des besagten Grabes, das offen und leer war (1. Kor. 15, 13). Heutzutage scheinen viele Christen zwar nicht mehr an die Auferstehung zu glauben; doch diese scheinbar eindeutigen Aussagen könnten auch ein Ergebnis der Umfragemethoden sein. Im übrigen hat keiner das Recht, über den Glauben anderer zu urteilen. Doch seit Anbeginn des Christentums ist die Auferstehung als eigentliche Glaubensgrundlage dieser Religion immer wieder betont worden, und so stellt sich die Frage, wie man den eigenen Glauben als christlich bezeichnen kann, wenn man gleichzeitig davon überzeugt ist, daß Jesus im Reich der Toten verwest ist oder sich im Nichts aufgelöst hat.

Die Auferstehung

»Jesus ist Herr« (1. Kor. 12, 3); dieser Ausruf, fast schon ein Slogan, steht für den Glauben Hunderter von Menschen in den ersten Wochen nach der Kreuzigung des Mannes von Nazareth. Nach diesem für sie sowieso schon unverständlichen Tod, der sie völlig fassungslos zurückließ, hatten sich unglaubliche Dinge zugetragen: »Gott hat ihn auferweckt«

(1. Thess. 1, 10) oder: »Er ist auferstanden« (1. Thess. 4, 14) sind Ausdrucksformen, derer sie sich bedienen, um das Ereignis wiederzugeben; erst später kristallisieren sich bestimmte Begriffe heraus, die die Auferstehung näher beschreiben. Was genau war geschehen?

Das Wissen um die Begebenheit als solche hat, wie bereits erwähnt, nichts mit der Geschichtswissenschaft zu tun; doch auch diese muß die Zeugenaussagen von Menschen berücksichtigen, die Jesus nach seinem Tod lebend gesehen und in ihm die Person erkannt haben wollen, die an dem Freitag vor dem Passahfest am Kreuze hing. Ihre Botschaft gaben sie an Verwandte und Bekannte weiter und trugen somit zur Entstehung des ersten christlichen Glaubensbekenntnisses/*Credos** bei, welches von Paulus in seinem ersten Brief an die Korinther aufgegriffen wird:

»Denn als erstes habe ich euch weitergegeben, was ich auch empfangen habe: Daß Christus gestorben ist für unsere Sünden nach der Schrift; und daß er begraben worden ist; und daß er auferstanden ist am dritten Tage nach der Schrift; und daß er gesehen worden ist von Kephas, danach von den Zwölfen.« (1. Kor. 15, 3-5)

Paulus ergänzt diese Überlieferung durch zusätzliche Zeugnise, die teilweise von ihm selbst stammen:

»Danach ist er gesehen worden von mehr als fünfhundert Brüdern auf einmal, von denen die meisten noch heute leben, einige aber sind entschlafen. Danach ist er gesehen worden von Jakobus, danach von allen Aposteln. Zuletzt von allen ist er auch von mir als einer unzeitigen Geburt gesehen worden.« (1. Kor. 15, 6-8) Letzteres bezieht sich dabei auf Paulus' Damaskuserlebnis.

Zu den Wundertaten Jesu zählen drei Begebenheiten, die allgemein als Auferweckung verstanden werden: Die Auferweckung der Tochter des Jairus (Mk. 5, 21-43), die des Jünglings zu Nain (Lk. 7, 11-17) und die des Lazarus (Joh. 11, 1-44). Alle drei waren offensichtlich bereits gestorben und wurden wieder zum Leben erweckt, mußten aber nichtsdestotrotz am Ende ihres irdischen Daseins erneut sterben! Die Auferweckung Jesu ist jedoch etwas völlig anderes: Zeugen bestätigten, ihn lebend gesehen zu haben; er sei jedoch von einem ganz anderen Leben als vor dem Kreuzigungstod erfüllt gewesen, einem glorreichen und unvergänglichen Leben: »Daß Christus, von den Toten erweckt, hinfort nicht stirbt; der Tod kann hinfort über ihn nicht herrschen«, bestätigt noch einmal der Apostel Paulus (Röm. 6, 9). Die in den Evangelien enthaltenen Berichte über die Erscheinung Jesu und die Entdeckung des offenen Grabes (mit der das Markusevangelium übrigens endet) beschreiben, wie die Jünger zur ihrer Überzeugung gelangt waren.

In den erstgenannten Berichten werden Menschen erwähnt, die Jesus zu Lebzeiten kannten und sich ihm nach seinem Tode auf einmal völlig unerwartet gegenübersehen, zum Beispiel bei einem Mahl (Lk. 24, 36-53; Joh. 20, 19-29), auf dem Wege (Lk. 24, 13-35), am See von Tiberias (Joh. 21, 1-23) oder – die Macht des Auferstandenen symbolisierend – auf einem Berg (Mt. 28, 16-20). In den meisten Fällen erkennen diese Menschen Jesus nicht sofort, und einige von ihnen sind voller Zweifel, selbst dann noch, als er ihnen seine Identität bereits offenbart hat. In diesen Berichten kommt zum Ausdruck, daß es sich hier jeweils um eine unerwartete Offenbarung handelt und daß der Zugang zum Glauben an die Auferstehung manchmal nur über schwierige, unbequeme Wege führt. Die Erscheinungen des auferstandenen Christus sind in keinster Weise als Erfüllung vorgefertigter Erwartungen zu verstehen. Übrigens ist auch der Begriff »Erscheinung« als solcher nicht unproblematisch, da ihm etwas rein Visuelles anhaftet; den Evangelien zufolge jedoch ist der Auferstandene z.B. in der Lage, vor anderen Gästen zu essen (Lk. 24, 42-43), was einer reinen »Erscheinung« schwerfallen sollte. Derartige Erfahrungen gehören zu den Dingen, die man nicht beschreiben und von denen man nur hoffen kann, daß sie das Vorstellungsvermögen möglichst genau erfaßt.

Anders geartet sind die Berichte über die Entdeckung des offenen Grabes, offenbar am Morgen des Ostersonntags. Einige eher nüchterne Überlieferungen sprechen von zwei oder drei Frauen, die das Grab besuchen, in dem Jesus am Vorabend wegen des herannahenden Passahfestes in aller Eile niedergelegt worden war; dort entdecken sie zu ihrem Erstaunen, daß der Stein vor dem Grab weggewälzt wurde und sich kein Leichnam mehr im Grab befindet. Ein oder zwei Jünglinge befinden sich in der Gruft und erklären den Frauen die Bedeutung der Entdeckung, die sie mit Angst erfüllt hat (Mk. 16, 1-8; Lk. 24, 1-11); in den Evangelien nach Lukas und nach Johannes kommen andere Jünger zur Gruft gelaufen und stellen fest – wie auch die Frauen zuvor –, daß sich der Leichnam nicht mehr darin befindet (Lk. 24, 12; Joh. 20, 2-10); anderen Berichten zufolge begegnet den Frauen, als sie vom Grab zurückkehren, der Auferstandene selbst (Mt. 28, 9-10; Joh. 20, 11-18). Es gibt weitere, bildhaftere Beschreibungen dieses Ereignisses: Statt nur die Folge der Auferstehung – das leere Grab – zu erwähnen, sprechen diese zum Beispiel darüber, wie der Stein vor dem Grab weggewälzt wird (Mt. 28, 1-8) oder sogar wie der Auferstandene selbst aus der Gruft herauskommt und »sein Haupt dabei den Himmel überragt« (apokryphes Evangelium nach Petrus).

Diese mythologisch eingefärbte Sprache mag manchem nüchtern gesinnten Menschen lächerlich erscheinen und sogar dazu führen, daß er keinem dieser Ereignisse Glauben schenken möchte – es sei denn, sie werden in einer Sprache geschildert, die auch den Verstand zu überzeugen vermag. Eine Anerkennung der symbolischen Dimension jeglicher Sprache kann einem jedoch den eigentlichen Wert der Erzählungen vermitteln und zu einer Bereitschaft führen, sich von ihnen aufrütteln zu lassen. Ungläubige erachten diesen Ansatz für durchaus akzeptabel; ein Gläubiger, der Wert darauf legt, seinen Glauben zu bezeugen, hält ihn für unabdingbar. Die Beweggründe der Zeugen der Auferstehung, die es wagten, über ihre Erlebnisse zu berichten, und die Gründe, die einen Gläubigen heute veranlassen, den Zeugnissen seiner Vorgänger Gehör zu schenken, sind also die gleichen.

Die verschiedenen Bezeichnungen für den Auferstandenen

Schon in den Jahrhunderten vor unserer Zeitrechnung, vielleicht auch seit jeher, vermeiden es die Juden, den Namen Gottes auszusprechen. Die vier Konsonanten des Gottesnamens im hebräischen Bibeltext, YHWH, werden anders gelesen, als man sie eigentlich vokalisiert. Im Hebräischen heißt es *Adonai,* mein Herr, im Griechischen *Kyrios,* der Herr. In einem vermutlich sehr alten Psalm, der die feierliche Einsetzung eines Königs beschreibt, lädt Gott den König ein, an seiner Seite auf einem symbolischen Thron Platz zu nehmen, der Jerusalem darstellt. Liest man diesen Psalm laut, so entsteht ein völlig überraschender Text, in dem der König und Gott den gleichen Namen erhalten: »Der Herr sprach zu meinem Herrn: Setze dich zu meiner Rechten.« (Ps. 110, 1)

Die ersten Christen haben dieses königliche Bild aufgegriffen, um den auferstandenen Jesus, zur Rechten Gottes sitzend, zu beschreiben: Von nun an ist er der Herr, sein Titel ist gleichzeitig ein göttlicher. Der Ausspruch »Jesus ist Herr« gilt, wie bereits erwähnt, als eine der ältesten Formeln für die Verkündung der Auferstehung.

Mit der Auferstehung werden Jesus allerdings noch weitere Titel zuteil, wie zum Beispiel der des Sohnes Gottes, der sich sehr bald im täglichen Sprachgebrauch einbürgerte. In vielen Völkern des Vorderen Orients galten Könige als Gottkönige; in Ägypten z.B. wurde der Pharao beim Amtsantritt vom ägyptischen Reichsgott adoptiert. In Israel hingegen war ein König nur ein Mensch wie jeder andere. In einigen Weissagungen des Alten Testaments (2. Sam. 7, 14;

Ps. 2, 7) bezeichnet Gott jedoch ohne weiteres den König auch als »meinen Sohn«. In den Jahrhunderten kurz vor unserer Zeitrechnung wurde die Bezeichnung des Gottessohnes auch dem Gerechten, dem Gott im Unglück beisteht, verliehen (Weish. 2, 18; Sir. 4, 10). Jesus erhielt diesen Titel kraft seiner Auferstehung, nachdem er zunächst zu Unrecht verfolgt und getötet und von Gott nach seiner Kreuzigung in eine königliche Stellung eingesetzt worden war. In den ersten Kapiteln seines Briefes an die Römer (übrigens eines der theologisch bedeutsamsten Werke) schreibt der Apostel Paulus folgendes: »Das Evangelium Gottes [...] von seinem Sohn Jesus Christus, unserem Herrn, der geboren ist aus dem Geschlecht Davids nach dem Fleische, und nach dem Geist, der heiligt, eingesetzt ist als Sohn Gottes in Kraft durch die Auferstehung von den Toten.« (Röm. 1, 2-4)

Er ist Herr, Sohn Gottes, Jesus und Christus in einem, der Messias des Volkes Israel, den einige der Jünger Jesu schon zu seinen Lebzeiten in ihm zu erkennen glaubten. Sein schändlicher Tod hatte ihre Hoffnung im Keim erstickt; die Auferstehung jedoch, die Antwort Gottes auf die von den Menschen auferlegte Pein, verwandelte diese vagen Vorahnungen in leuchtende Wahrheit. Was den Titel des Messias, des Christus betrifft, so hat er sich im Laufe der Zeit sogar so weit durchgesetzt, daß die Bezeichnungen Jesus und Christus mehr oder weniger bedeutungsgleich geworden sind und beide Begriffe häufig zu der Bezeichnung »Jesus Christus« zusammengefügt wurden. In der heutigen Sprache mutet dies fast wie ein Doppelname an, in dem die theologische Komplexität der bezeichneten Person zum Ausdruck kommt.

Die Liste der Namen, die dem auferstandenen Jesus gegeben wurden, wäre nicht vollständig, würde man die rätselhafte Bezeichnung des »Menschensohnes« hier nicht nennen. Der Begriff als solcher entstammt dem Buch des Propheten Daniel (Dan. 7, 13), der den Menschensohn als eine symbolische Gestalt beschreibt, eine Gestalt, der Gott

Macht verleiht, nachdem die feindlichen Kräfte niedergeschlagen worden sind. Jesus selbst bediente sich dieses Begriffes, als er erklärte, wer in der Endzeit dem göttlichen Gericht über die Menschheit vorstehen würde (z.B. Mk. 8, 38; 13, 26; 14, 62 und Mt. 24, 27; 24, 30 etc.). Die Gläubigen stimmten nach der Auferstehung Jesu schnell darin überein, daß dieses Richteramt von Jesus selbst ausgeübt werden würde und daß er selbst der Menschensohn war, von dem er zuvor mehr als einmal gesprochen hatte. Man begann, vom Zeitpunkt seiner Wiederkehr zu sprechen, die das Ende einer geschichtlichen Epoche und gleichzeitig der Beginn einer göttlichen Neuschöpfung des Universums bedeuten würde.

Jesus, »der Erstgeborene von den Toten« (Kol. 1, 18; Apg. 1, 5), gehört nicht nur dem menschlichen Universum an; seine Zugehörigkeit zur göttlichen Welt bestätigt sich unter anderem darin, daß Gläubige aus diesem einmaligen Ereignis, der Auferstehung, Konsequenzen ziehen.

Entstehung der Christologie

Obwohl der Begriff »Christologie« (Lehre von Jesus Christus) erst im 19. Jahrhundert im modernen Sprachgebrauch auftaucht, kann man sagen, daß eine christologische Diskussion die gesamte Entwicklungsgeschichte des Christentums begleitet hat. Eingesetzt hat sie, als man begann, die Person Christi in ihrem Beziehungsgefüge zu Gott und den Menschen zu erforschen. Am Ende des zweiten Briefes an die Korinther, dessen Entstehung man im allgemeinen auf das Jahr 56 unserer Zeitrechnung datiert, findet sich bereits eine Grußformel des Apostel Paulus, die in ergreifender Weise Christus, Gott den Vater und den Heiligen Geist zu einer Dreiheit zusammenfaßt: »Die Gnade unseres Herrn Jesus Christus und die Liebe Gottes und die Gemeinschaft des heiligen Geistes sei mit euch allen!« (2. Kor. 13, 13)

Ungefähr im Jahre 65 beginnt man, den Begriff des »Erstgeborenen«, der zunächst im Zusammenhang mit der Geburt Christi aus dem Reich des Todes, also seiner Auferstehung, genannt wird, auch im Hinblick auf den göttlichen Ursprung Christi anzuwenden: »Er ist das Ebenbild des unsichtbaren Gottes, der Erstgeborene vor aller Schöpfung, denn in ihm ist alles geschaffen, was im Himmel und auf Erden ist.« (Kol. 1, 15-16)

Das ungefähr 20 Jahre später verfaßte Matthäusevangelium läßt den Auferstandenen die mittlerweile so bekannte Aufforderung an die Jünger aussprechen: »Geht hin und tauft sie auf den Namen des Vaters und des Sohnes und des heiligen Geistes.« (Mt. 28, 19) – und es ist erstaunlich festzustellen, daß alle drei Namen hier gleichrangig behandelt werden.

Das Evangelium nach Johannes berichtet am ausführlichsten über die Einheit zwischen dem Vater und dem Sohn. Jesus wird hier als eingeborener Sohn, als die Fleischwerdung des Wortes Gottes bezeichnet (Joh. 1, 1-18); den Juden, die ihn über seine Identität befragen, erwidert er: »Ich und der Vater sind eins.« (Joh. 10, 30)

Diese Aussage hält ihn jedoch nicht davon ab, sich etwas später, am Abend im Kreise seiner Jünger, scheinbar selbst zu widersprechen, indem er kundtut: »Der Vater ist größer als ich.« (Joh. 14, 28)

Zwei der vier kanonischen Evangelien sprechen über das sehr komplexe Thema der Herkunft Christi: In den Evangelien nach Lukas und nach Matthäus wird jeweils in den ersten Kapiteln – die auch die »Kindheitsevangelien« ge-

Pietà
Durch Pest und Kriege war man gegen Ende des Mittelalters besonders empfänglich für die Leidensgeschichte Christi. Den Leichnam Jesu auf dem Schoß, blickt Maria zärtlich auf ihren Sohn, der in dieser Darstellung fast die Größe eines Kindes zurückerlangt hat.
Marienbild aus dem 15. Jahrhundert; Förderkreis von Sarlat und dem Périgord.
Ph. © J. M. Labat/Explorer.

nannt werden – von Maria, der Mutter Jesu, erzählt, die vom Heiligen Geist empfangen hatte und schwanger war (Mt. 1, 20; Lk. 1, 35); der Begriff des »Sohnes Gottes«, der auch in den ältesten Überlieferungen bis dato nur im Zusammenhang mit der Auferstehung Jesu gesehen wurde, findet somit in den oben genannten Versen seine Erfüllung. Nicht nur seine Auferstehung von den Toten macht Jesus Christus tatsächlich zum Sohn Gottes, sondern auch die Tatsache, daß er durch eine jungfräuliche Empfängnis* in diese Welt geboren wird und – vielmehr noch – daß er »aus dem Vater gezeugt war vor aller Zeit.«

Da die Theologen untereinander sozusagen in zwei Lager gespalten waren – auf der einen Seite diejenigen, die eher für die Menschlichkeit Jesu sprachen und auf der anderen Seite die, die sich seiner Göttlichkeit widmeten –, bedurfte es einiger Jahrhunderte des Polemisierens, des zögerlichen Formulierens, der Häresie und der Konzile*, bis die Christus betreffenden theologischen Lehrmeinungen endlich zu einer gewissen Reife gelangten. Im Jahre 325 unserer Zeitrechnung fand in Nizäa, in Kleinasien, das erste ökumenische Konzil statt; als Ergebnis wurde das erste Glaubensbekenntnis (im Sinne eines *Credos*) formuliert, in dem Christus wie folgt Erwähnung findet:

»Wir glauben [...] an den einen Herrn Jesus Christus, Gottes eingeborenen Sohn, aus dem Vater gezeugt vor aller Zeit, Licht vom Licht, wahrer Gott vom wahren Gott, gezeugt, nicht geschaffen, eines Wesens mit dem Vater, durch ihn ist alles geschaffen, was im Himmel ist und auf Erden [...].«

Die schwerfällige Ausdrucksweise und die ausgeprägte Begrifflichkeit dieses Satzes lassen ahnen, welche lebhaften Diskussionen seiner abschließenden und einstimmigen Formulierung durch die 318 anwesenden Bischöfe vorausgegangen sein müssen. Neue Kontroversen machten sich jedoch bald wieder bemerkbar, und so wurde im Jahre 381 ein zweites ökumenisches Konzil in Konstantinopel einberufen; ihm folgte ein weiteres im Jahre 431 in Ephesus. In Ephesus wurde die Vorstellung der hypostatischen Union (die Einheit der zwei Naturen, der menschlichen und der göttlichen, in der Person Christi) durchgesetzt, und man wagte es, den Begriff der »Gottesmutter« zu etablieren, um damit die Maria erwiesene Ehre auch begrifflich bestimmen zu können.

Das Konzil in Ephesus war jedoch das letzte, auf dem eine gewisse Einstimmigkeit zwischen den Kirchen erzielt werden konnte. Ein viertes ökumenisches Konzil im Jahre 451 in Chalkedon verabschiedete ein Glaubensbekenntnis, wonach der Unterschied zwischen den beiden Naturen – der menschlichen und der göttlichen – nicht durch deren Vereinigung in einer Person aufgehoben wird. In der einen Person Jesu Christi vereinigen sich die göttliche und die menschliche Natur untrennbar, aber ohne sich zu vermischen – der Unterschied der Naturen wird im Zusammenkommen in einer Person nicht aufgehoben. Die sogenannten nicht-chalkedonischen beziehungsweise monophysitischen (griech. *mónos* = »allein«, *phýsis* = »Natur« – zusammen »Einnatur«) Kirchen weigerten sich jedoch, diesen Beschluß anzuerkennen, da sie der Auffassung waren, daß bei der Vereinigung der göttlichen mit der menschlichen Natur letztere unweigerlich von der ersteren absorbiert würde. Heute wissen wir, daß diese erste dauerhafte Spaltung der theologischen Gemeinde nur eine von vielen war, die sich im Laufe der Zeit noch einstellen sollten.

Etwas sarkastisch könnte man feststellen, daß die Geschichte der Theologie durchaus den folgenden Ausspruch Jesu mehr als bewiesen hat: »Ihr sollt nicht meinen, daß ich gekommen bin, Frieden zu bringen auf die Erde. Ich bin nicht gekommen, Frieden zu bringen, sondern das Schwert.« (Mt. 10, 34; Lk. 12, 51)

Die neuzeitliche christologische Forschung

Zwar sind die verschiedenen christlichen Kirchen bezüglich der Person Jesu immer noch nicht einer Meinung, aber zumindest haben sich alle Kirchen auf das in Nizäa und Konstantinopel beschlossene und im Jahre 381 verkündete Glaubensbekenntnis (vgl. Anhang S. 116) verständigen können. Alle verwenden den Begriff der Trinität*, wenn sie sich auf die Dreiheit der Personen (Vater, Sohn, Heiliger Geist) in Gott berufen, und alle sprechen von der Fleischwerdung, wenn es um das Kommen des Sohnes im Fleische geht. Auch herrscht bei allen christlichen Kirchen Einigkeit über die heilbringende Erlösung, die dem Menschen durch den Kreuzestod Jesu ermöglicht wird. Viele wissen außerdem, daß man, um sich dem Verständnis der großen theologischen Geheimnisse anzunähern, sie immer wieder neu erforschen muß. Der ökumenische Weg, den die christlichen Kirchen noch heute versuchsweise beschreiten, gründet sich auf diese Art von Forschungsarbeit.

Die Erlösungstheologie ist heutzutage mit Sicherheit – zumindest in der westlichen Welt – das Thema, das bei den christologischen Forschern das größte Interesse hervorruft. Lange Zeit war man davon ausgegangen, daß der Tod Christi zur Errettung der Menschheit von ihren Sünden von Gott gewollt war. Er stellte eine Art Entschädigung für die Gnade dar, die Gott dem Menschen hatte zuteil werden lassen: Ein Sühneopfer also, bei dem Christus die Rolle des Opfers einnimmt, eine Rolle, die eigentlich aufgrund ihrer Sünden die Menschen verdient hätten.

Bei einer solchen Sicht der Dinge kann kaum vermieden werden, daß der Opferungsaspekt bei der Betrachtung des Todes Christi überbetont (denn es handelt sich in erster Linie um eine Hinrichtung und nicht um eine Opferung) und Gott als böse Gestalt dargestellt wird, dem das Leiden des eigenen Sohnes zu gefallen scheint. In diesem Zusammenhang ist jedoch die Feststellung Ludwig Feuerbachs

(1804-1872) zu erwähnen: Der Mensch, sagt er, werde zum Atheisten, wenn er entdecke, daß er besser sei als der Gott, dem er diene.

Man versteht nun besser, warum die zeitgenössischen Theologen, die sich intensiv mit der Person Christi beschäftigt haben, das Kreuz in den Mittelpunkt ihrer Überlegungen stellten. Das Kreuz, Werkzeug des Martyriums, der Erfüllung eines anspruchsvollen und unerbittlichen Auftrags, stellt gleichzeitig auch den königlichen Thron des Auferstandenen dar. Gewöhnlich und wunderbar zugleich, vereint das Kreuz in sich Ohnmacht und Macht, Starkes und Schwaches; das Holz des Baumes ist zwar tot, aber dennoch treibt es einen neuen Sproß (vgl. Bernard Sesboüe). Die Person Jesu ist derart eng mit dem Bild des Kreuzes verbunden, daß Jesus selbst, in dem sich Erniedrigung und Erhöhung vereinigen, ohne dasselbe nicht verstanden werden kann. Einblick sowohl in das Geheimnis seines Todes als auch in das Mysterium und die Bedeutung der Auferstehung (vgl. Joseph Moingt) bekommt man nur in Momenten der Stille und der Hingabe. Damit relativiert sich auch die häufig getroffene Unterscheidung – die für einen Gläubigen zwar bequem, aber wenig sachdienlich ist – zwischen dem historischen Menschen Jesus und dem Christus des Glaubens. Es handelt sich hier um ein und dieselbe Person: Diejenige nämlich, die den Armen die frohe Botschaft verkündete, ihre Mitmenschen bei sich aufnahm, die Mächtigen verärgerte, am dritten Tage auferstand und als Sohn Gottes mittlerweile schon von vielen Generationen von Christen verehrt worden ist (vgl. Walter Kasper).

Jesus, der in den Evangelien Sohn Gottes genannt wird, ist gleichzeitig aber auch wahrer Mensch. Das Kreuz ist nicht nur der Schlüssel zu seinem Geheimnis, sondern zum Geheimnis aller Menschen und bekommt somit eine anthropologische Dimension. Jesus hat durch sein Handeln und Wandeln auf der Erde und durch seine Auferstehung gezeigt, was »das Wesen des Menschen« ausmacht. Sein

Ende enthüllt den wahren Sinn der Geschichte und der Bestimmung des Menschen (vgl. Wolfhart Pannenberg). Das Kreuz als Kernstück des Lebens Jesu wird damit auch zum Zentrum unserer Weltgeschichte. Seine Balken entsprechen den vier Himmelsrichtungen und schließen Zeit und Raum vollständig ein. Die Geschichte der Welt besteht aus einer einzigen Aneinanderreihung von Todeskämpfen, die immer wieder zu neuen Geburten führen, und das Ostergeheimnis ist Bestandteil der von Gott geschaffenen Welt (vgl. Jürgen Moltmann).

Der Opferaspekt der Leidensgeschichte Jesu soll hier keineswegs in Abrede gestellt werden, doch alles zuvor Beschriebene zeigt, daß das Opfer Jesu nur einen Teil seines Erlösungsauftrags ausmacht. Zu allen Zeiten haben Menschen in Abhängigkeit ihrer persönlichen Empfindungen oder ihres kulturellen oder geschichtlichen Umfeldes diese Mission überdacht und hinterfragt, und noch haben auch die Theologen zur Person Christi und zur christlichen Lehre nicht das letzte Wort gesprochen.

Jesus in der liturgischen und religiösen Tradition

Jede Religion, auch wenn sie anderen Religionen einen gewissen Anteil an der Wahrheit zugesteht, behauptet von sich, die einzig wahre zu sein. Und so bemüht sie sich ständig, dasjenige hervorzuheben, was sie von anderen Religionen unterscheidet und was ihrer Meinung nach die Gründe für ihre herausragende Stellung sind. Ein Gläubiger, der intensiv über seine religiöse Überzeugung nachdenkt, wird sich – und hier sollte jeglicher Hintergedanke an einen eventuellen Bekehrungseifer fallengelassen werden – automatisch dieser Denkweise bedienen. Dabei darf er aber nicht außer acht lassen, daß die Anhänger der anderen Religionen genau wie er versuchen werden, die besonderen Schätze ihres Glaubens herauszustellen.

Eine der augenfälligsten Besonderheiten des Christentums liegt zweifelsohne darin, daß Christus hier gleichzeitig wahrer Gott und wahrer Mensch ist. Gott wurde Mensch in Jesus Christus, mehr noch: Er wurde ein Jude des 1. Jahrhunderts unserer Zeitrechnung, ein Mann, der in einem bestimmten Kulturkreis, einem bestimmten Land und in einer bestimmten Epoche lebte. Jesus ist nicht nur Sohn Gottes, sondern auch der Bruder der Menschen. Plinius der Jüngere schreibt dazu:

Die Christen »verehren ihren Christus, als sei er ein Gott«; und dabei ist Jesus ihnen doch auch erstaunlich nahe. »Das Leben ist für mich Christus«, verkündet der Apostel Paulus weniger als 30 Jahre nach der Auferstehung in einem seiner Briefe (Phil. 1, 21).

Die christliche Liturgie

Priester im Judentum kann nur der werden, der dem Stamm Levis, einem hohepriesterlichen Geschlecht, angehört. Jesus gehörte zum Stamm Juda und war daher kein Priester, aber eventuell Rabbiner. Die christlichen Schriften vertreten jedoch die Auffassung, daß er, der durch seine Fleischwerdung und seinen Tod zum Heilsmittler zwischen Gott und den Menschen wurde (er kommt von Gott und kehrt zu Gott zurück), in Wirklichkeit der einzig wahrhaftige Priester war. Der Brief an die Hebräer, der im Neuen Testament eine besondere Stellung einnimmt, widmet sich in besonderer Weise diesem Thema.

Aus dem oben Gesagten kann man ableiten, daß die christlichen Feste nicht als Gottesdienste im biblischen Sinne aufgefaßt werden können. Wenn Katholiken zum Beispiel die Messe abhalten, nehmen sie Teil an dem einzigartigen Gottesdienst, den Jesus Gott durch sein Leben und seinen Tod erwiesen hat. Zuweilen scheinen die christlichen Liturgien widersprüchlich: Auf der einen Seite ist es möglich, gleichzeitig zu Christus, Sohn Gottes von Ewigkeit, zu beten, auf der anderen Seite kann man aber auch mit ihm und durch ihn beten, während man sich an den Vater wendet. Jesus kann sowohl im Zentrum des christlichen Gebets stehen als auch dessen Adressat sein. Und darin besteht letztendlich seine außerordentliche priesterliche Stellung.

In engem Zusammenhang mit dem Verständnis der christlichen Feste ist die Tatsache zu sehen, daß in der christlichen Welt der Wechsel der Jahreszeiten jeweils von Festen bestimmt wird, die an das Leben Christi erinnern: Die Geburt Christi wird – zumindest in der westlichen Welt – am 25. Dezember gefeiert, sein Tod am Karfreitag, seine Auferstehung am Ostersonntag; letztere setzt sich dann in Christi Himmelfahrt fort, der letzten Offenbarung des auferstandenen Jesus, der unter den Blicken der Apostel in den Himmel auffährt. Es folgt das Pfingstfest zur Erinnerung an den Tag, an dem der Heilige Geist ausgegossen wurde, und an die anschließende Begründung der christlichen Urgemeinde. Lebt man gemäß dieses Festkreises und bemüht sich, den von Jesus beispielhaft vorgezeichneten Weg zu beschreiten, dann bedeutet dies, in dem, was Christus selbst gelebt hat, ganz »aufzugehen«, eins zu werden auch mit seinem Priesteramt und den wahren Gottesdienst auszuüben. Für Christen begründet sich der wahre Gottesdienst nicht in liturgischen Festen, sondern im alltäglichen Leben, einem Leben, das von der Liebe Gottes und der Liebe zum Nächsten geprägt sein soll: »Was ihr getan habt einem von diesen meinen geringsten Brüdern, das habt ihr mir getan.« (Mt. 25, 40)

Das Abendmahl, von den Katholiken Messe oder Eucharistie und von den Protestanten Gedächtnismahl genannt, ist ein im Lichte der Auferstehung zu sehendes Gedenken an die letzte Handlung Jesu am Vorabend seines Todes. Katholiken und Orthodoxe vertreten die Auffassung, daß es sich um ein Opfermahl handelt und daß Christus tatsächlich in Brot und Wein gegenwärtig ist, indem die Substanz von Brot und Wein in Leib und Blut Christi verwandelt wird (Transsubstantiation). Die Protestanten lehnen die Opferdimension des Mahles ab und verwerfen die katholische Transsubstantiationslehre. Die Protestanten selbst sind sich allerdings nicht einig über die Art und Weise der Anwesen6heit Christi im Abendmahl und darüber, wie der Gläubige Anteil nimmt an Christi Person. Alle Christen stimmen jedoch darin überein, daß der auferstandene Jesus sich als Speisopfer darbringt. Derjenige, der die Messe oder das Abendmahl darreicht, tut dies nicht in seinem eigenen Namen, sondern wendet sich im Namen Christi an die Gemeinde und im Namen der Gemeinde an Gott. Die Person, die die Messe hält, kann man nur dann als Priester bezeichnen (die Protestanten lehnen eine solche Benennung ab), wenn man sich gleichzeitig auf den einzig wahren Priester beruft, Jesus Christus, den Gestorbenen und Wiederauferstandenen, dessen ganzes Leben dem Dienst an seinen Brüdern geweiht war.

Christusbilder

Die großen monotheistischen Religionen – vor allem das Judentum und der Islam – lehnen die bildliche Darstellung religiöser Aspekte aus Furcht vor Götzendienst strikt ab – wie übrigens auch streng reformierte Kreise. Das Judentum macht bei dieser Ablehnung solcher Darstellungen jedoch auch einige Ausnahmen, wie zum Beispiel im Falle der Bildnisse in den palästinensischen Synagogen des 1. Jahrtausends. Der Islam ist in dieser Hinsicht völlig kategorisch, er verbietet nicht nur religiöse Abbildungen im engeren Sinne, sondern sogar die Darstellung jedweden beseelten Lebewesens.

Das Christentum, das ja der jüdischen Tradition entstammt, übt nicht die gleiche Zurückhaltung; es beruft sich darauf, daß Gott Mensch geworden ist und die Menschwerdung Jesu seine bildliche Darstellung erlaubt. Eine solche Auffassung kann natürlich leicht in Übertreibungen ausarten und zum Streit führen, der in der Kirchengeschichte zweimal der Anlaß zu folgenschweren Auseinandersetzungen war.

Als erste dieser für die Kirchengeschichte so bedeutsamen Krisen ist der sogenannte Bilderstreit zu nennen, der seinen Höhepunkt in einigen westlichen Christengemeinden um das 8. und 9. Jahrhundert unserer Zeitrechnung erreichte. Spuren davon sieht man heute noch, zum Beispiel in den Felsenkirchen von Kappadokien (in der heutigen Türkei), auf deren Wänden sich Reliefdarstellungen von Christus, Maria und den Heiligen befinden. Damit der Betrachter sie nicht erkennt, wurden die Bilder jedoch sogleich überstrichen. Einige Kapellen, die ebenfalls um diese Zeit erbaut worden sind, wurden nicht mit den traditionellen Fresken versehen, sondern erhielten nur schlichtere Malereien und Verzierungen in Form von geometrischen Mustern, denen bisweilen noch symbolische Figuren, z.B. Pflanzen oder Tiere, hinzugefügt wurden. Der Bilderstreit artete in eine schwerwiegende Krise aus, die mit der Niederschlagung der ikonoklastischen Bewegung (Ikonoklasten = Bilderstreiter) durch das zweite Konzil von Nizäa (787) beendet wurde.

Die zweite Bilderkrise ist neueren Datums. Sie zeichnete sich im Zuge der protestantischen Reformation ab und wurde durch die Verehrung von Reliquien, Heiligen und deren verschiedenartigsten Darstellungen (in Form von Gemälden, Statuen, Kirchenfenstern) heraufbeschworen. Der Streit gipfelte in einem von Luther verurteilten Bildersturm, im Zuge dessen viele Gemälde und vor allem den Bildergegnern leicht zugängliche Statuen an den Außenmauern der Kirchen zerstört wurden. Auch heute noch fällt das vergleichsweise nüchterne und schlichte Innere von protestantischen Kirchen auf, das sich deutlich von der Überfülle der bildlichen Darstellungen in vielen katholischen und orthodoxen Gebäuden, vor allem den Kapellen und Kirchen der westlichen Welt, abhebt.

Die bildliche Darstellung Christi war schon in den Anfängen der christlichen Kirche gestattet. Erste Zeugnisse davon sind die Fresken in römischen Katakomben, von denen die ältesten aus der ersten Hälfte des 3. Jahrhunderts stammen (Katakomben des Heiligen Calixtus sowie die Domitilla- und Priscillakatakomben). Sie stellen den Guten Hirten, Maria mit dem Kinde und den lehrenden Christus dar. Nicht lange danach entstanden die Wandmosaiken der konstantinischen Basiliken und die Ikonenmalerei im Osten. Die Bildhauer- und Goldschmiedekunst wurde hauptsächlich in der westlichen Welt gepflegt und widmete sich vor allem der Arbeit an Sarkophagen, Meßbüchern und später auch Kirchenstatuen und -bildern. In diesen Werken wurde Wert darauf gelegt, Christus als Sieger über den Tod darzustellen. Am bemerkenswertesten sind die Kruzifixe, bildliche oder plastische Darstellungen der Kreuzigung: Jesus am Kreuz, die Arme vom Körper weggestreckt; sein Schatten fällt in alle vier Himmelsrichtungen, er trägt den Schmuck eines Königs: eine kostbare Krone und das königliche Gewand.

Bis zum Ende der Romanik ziemte es sich in der westlichen Welt nicht, Jesus wirklichkeitsnah darzustellen; im Orient gilt diese Einschränkung noch heute: Man stellte ihn entweder nur als symbolische Abbildung einer seiner zentralen Aufgaben dar – zum Beispiel die des Guten Hirten oder des Weltenrichters (letztere ist häufig auf den Tympana (Bogenfeldern) der Kathedralen zu finden) – oder aber umgab ihn mit einem Heiligenschein. Die Absicht dieser Darstellungen war keineswegs, die Person Jesu als Mensch auf dieser Erde zu zeigen, sondern dem gläubigen Betrachter ein Fenster zur Ewigkeit zu öffnen, in die Jesus eingegangen war. Die Tradition der Ostkirchen in der Ikonenmalerei ist von großer Bedeutung und verdient es, in diesem Zusammenhang erwähnt zu werden: Die Tätigkeit des Malers kommt einer religiösen Reise gleich, während derer er meditiert, die Bibel liest, einige Wochen lang in völliger Abgeschiedenheit lebt und sich dabei der Malerei widmet. Die Absicht des Künstlers ist es dabei nicht, ein eigenständiges, originelles Kunstwerk zu schaffen; es geht ihm vielmehr um eine getreue Wiedergabe der überlieferten Farben und Merkmale, der Goldauslegungen, der Falten der Gewänder, der ernsten, von tiefer Innerlichkeit zeugenden Gesichter.

Erst in der Gotik – angeblich unter dem Einfluß der Franziskaner – beginnen die Darstellungen Jesu, besonders die Kruzifixe, realistische Züge anzunehmen. Der Gekreuzigte wird nunmehr mit dem Leib eines zum Tode verurteilten Menschen dargestellt, eines Menschen, der noch die Spuren seiner Verletzungen aufweist, fast unbekleidet ist und eine Dornenkrone trägt. Die ersten Darstellungen der Grab-

---

Das letzte Abendmahl
Der Jünger Johannes, der traditionsgemäß eng an die Brust Jesu gelehnt dargestellt wurde, liegt in dieser Darstellung sichtlich erschöpft mit dem Oberkörper auf dem Tisch. Schon immer stand die Stärke und Klarheit Christi, dessen Leiden hier nahe bevorstehen, in krassem Gegensatz zur Schwachheit seiner Jünger. Museum der Alten Kunst, Lissabon, Portugal.
Ph. © L. Y. Loirat/Explorer.

legung Christi tauchen im 15. Jahrhundert auf. Zur gleichen Zeit findet ein außerordentlich gewagtes Unternehmen statt, das bei den Protestanten sogleich heftige Reaktionen auslöst: In den katholischen Kirchen der westlichen Welt beginnt man, Gott, den Vater, als bärtigen alten Mann abzubilden, häufig mit einer Tiara gekrönt – z. B. auf dem Isenheimer Altar von Matthias Grünewald (um 1480 - vor 1528) in Colmar. Damit wird der Barockkunst der Weg bereitet, in der Christus zu einer Figur unter vielen anderen inmitten eines farbenfrohen Himmels wird und die Grenzen zwischen Natürlichem und Übernatürlichem verschwimmen.

Nach einer eher dürftigen Kunstperiode des Saint-Sulpice* stellt man gegenwärtig fest, daß die bildlichen Darstellungen religiöser Themen wieder schlichter werden und auch der Symbolik wieder eine zentrale Bedeutung zukommt: Christusbilder nehmen mittlerweile in der bildenden Kunst der Gegenwart eine nicht unbedeutende Stellung ein, obwohl die einzelnen christlichen Gemeinschaften und die verschiedenen Kulturen diesbezüglich noch immer unterschiedliche Standpunkte vertreten.

Die geistige Verbundenheit mit Jesus

Jesus kannte man als einen Mann des Gebets. Oft zog er sich zur Überraschung seiner Umgebung zum Gebet zurück, manchmal sogar mitten in der Nacht; er brauchte diese Momente der Nähe zu seinem Vater, um sich für die Erfüllung seiner schwierigen Aufgabe zu stärken (Mk. 1, 35-38). Im Evangelium nach Lukas wird berichtet, wie er in den entscheidenden Augenblicken seines Lebens betet: Anläßlich seiner Taufe (Lk. 3, 21), bevor er seine Nachfolger auswählte (Lk. 6, 12) und als er am Kreuze hing (Lk. 23, 34) … Jeder Christ sollte sich diesen großen Betenden zum Vorbild nehmen! Jesus selbst lehrte seine Jünger das Vaterunser, Kernaussage des christlichen Gebets (Mt. 6, 9-13; Lk. 11, 2-4).

Genauso wie die anderen Religionen ist auch das Christentum zunächst einmal eine Morallehre, die an eine Person, Jesus Christus, gebunden ist. Es ist eine göttliche, fast sogar mystische Verbindung, die vom Gebet lebt und ihrerseits die verschiedenen Formen des Daseins erfüllt.

Die Entdeckung der Person Christi, ein nie endender Prozeß, nimmt einen festen Platz im Leben des Christen ein. Es gibt Menschen, die der Meinung sind, sie geschehe einzig und allein durch mutige oder gar heroische Aktivitäten zugunsten humanitärer oder religiöser Belange; derartige Tugenden hat die Kirche zum Beispiel zum Anlaß genommen, bestimmte Menschen heiligzusprechen. Andere wiederum kleiden diesen Prozeß in wunderbare Worte und schreiben diese nieder. Von diesen Schriften zehren sämtliche nachfolgenden Generationen.

Die Geschichte der christlichen Spiritualität ist reich an wunderbaren Beispielen für die Entdeckung Christi. Da es nicht möglich ist, sie alle hier aufzuführen, sollen im folgenden nur einige Begebenheiten und Texte, unter anderem Gebete, die sich direkt auf Christus beziehen, Erwähnung finden.

Einer der ältesten Christustexte, der Christushymnus (Phil. 2, 6-11), wird vom Apostel Paulus in seinem Brief an die Philipper zitiert. Man nimmt an, daß der Hymnus ungefähr im Jahre 50, also einige Jahre vor dem Philipperbrief, niedergeschrieben wurde. Er bringt die Bewunderung für einen Gott zum Ausdruck, der sich in seinem Sohn erniedrigte, um mit seinen Geschöpfen wieder eins zu werden. Erniedrigt zuerst durch seine Menschwerdung, dann, als tiefste Stufe der Erniedrigung, durch seine Einwilligung, sich von denjenigen töten zu lassen, zu denen er sich herabgelassen hat. Die Auferweckung ist die Antwort eines Vaters auf eine solch bedingungslose Liebe:

»Er, der in göttlicher Gestalt war,
hielt es nicht für einen Raub,
Gott gleich zu sein,

sondern entäußerte sich selbst
und nahm Knechtsgestalt an,
ward den Menschen gleich
und der Erscheinung nach als Mensch erkannt.
Er erniedrigte sich selbst
und ward gehorsam bis zum Tode,
ja zum Tode am Kreuz.
Darum hat ihn auch Gott erhöht
und hat ihm den Namen gegeben,
der über alle Namen ist,
daß in dem Namen Jesu sich beugen sollen
aller derer Knie, die im Himmel und auf Erden
und unter der Erde sind,
und alle Zungen bekennen sollen,
daß Jesus Christus der Herr ist,
zur Ehre Gottes, des Vaters.« (Phil. 2, 6-11)

So, wie Jesus sein Leben für seine Brüder ließ, muß auch ein Christ, der sich bemüht, auf den Spuren seines Erlösers zu wandeln, mit leidvollen Erlebnissen auf diesem Wege rechnen. Natürlich wird er diese niemals von sich aus suchen – was einer Art Masochismus gleichkäme –, sondern sich nur von vornherein dieser Eventualität bewußt sein. Von zahlreichen Heiligen aus der ersten Generation der Christen, die damals noch auf völliges Unverständnis seitens der weltlichen und religiösen Obrigkeiten stießen, weiß man, daß sie in ihrer Nachfolge Christi bereit waren, ihr eigenes Leben hinzugeben. Ignatius, Bischof von Antiochia, der unter der Regentschaft Trajans in Rom den Märtyrertod erlitt, richtete noch kurz vor seinem Tod einen Brief an die Christen der Stadt, in dem er auf bewundernswerte Weise seine Entscheidung begründet und seine Mitstreiter auffordert, an ihrer bedingungslosen Treue festzuhalten:

»Jetzt fange ich an, ein Jünger zu sein. Möge nichts Sichtbares oder Unsichtbares mit Neid gegen mich erfüllt sein, damit ich Jesus Christus erlange. Feuer und Kreuz, Rudel von

Bestien, das Zerstreuen der Knochen, das Zerstückeln der Glieder, das Zermalmen des ganzen Körpers, böse Strafen des Teufels – sie mögen über mich kommen, damit ich nur Jesus Christus erlange. Nicht werden mir nützen die Enden der Welt oder die Reiche dieser Weltzeit. Es ist ›besser für mich zu sterben‹ auf Jesus Christus hin, als über die Enden der Erde zu herrschen. Jenen suche ich, der für uns starb; jenen will ich, der um unseretwillen auferstand. Die Schmerzen der Geburt stehen mir bevor. Habt Nachsicht mit mir, Brüder und Schwestern: haltet mich nicht vom Leben ab, wollt nicht meinen Tod; verschenkt den, der Gottes sein will, nicht an die Welt und verführt ihn nicht mit materiellen Dingen. Laßt mich reines Licht empfangen – wenn ich dort bin, werde ich ein Mensch sein. Gestattet mir, ein Nachahmer des Leidens meines Gottes zu sein (*imitatio Christi*). Wenn jemand ihn in sich hat, möge er verstehen, was ich will und Mitleid mit mir haben, weil er meine Bedrängnis kennt.«

Wie auch bei vielen anderen Texten könnte hier der Eindruck entstehen, daß Christsein gleichbedeutend ist mit einem Leben voller Leid. Tatsächlich hat die Heilserlösung durch den Tod des gekreuzigten Messias als ein zentraler christlicher Glaubensgrundsatz die Entstehung eines gewissen Pessimismus in der religiösen und theologischen Welt begünstigt. Der Heilige Augustinus zum Beispiel, der wohl größte Theologe aller Zeiten, hatte keine sehr hohe Meinung von der menschlichen Natur; der Mensch, so sagte er, sei durch die Sünde belastet und zu nichts Gutem fähig, es sei denn durch die Gnade Christi. Auch Luther, Calvin und auch andere protestantische Überlieferungen haben diese Denkweise weitgehend übernommen. Wieder andere, äußerst vielschichtige religiöse Traditionen, wie die der rheinischen Mystiker des 14. Jahrhunderts oder der Gemeinschaft der Karmeliten, wählten einen anderen Ansatz, um die menschlich-göttliche Beziehung zu ergründen: Sie beriefen sich unter anderem auf die »mystische Nacht« und verschrieben sich einem Leben in strenger Askese – z.B. Meister Eckhart,

Johannes Tauler, Heinrich Seuse, Jan van Ruysbroeck. Es gibt jedoch auch Beispiele für ein freudvolleres Christentum: »Ein trauriger Heiliger ist ein erbärmlicher Heiliger« hat einmal jemand geschrieben. Dieser Meinung muß auch der heilige Filippo Neri (1515-1595), Begründer der Gemeinschaft der Oratorianer, gewesen sein. Im Rom des 16. Jahrhunderts war er vor allem für seine Ausgelassenheit und possenhafte Art bekannt. Von ihm ist unter anderem ein an Christus gerichtetes Gebet bekannt, das insbesondere durch seinen unterschwelligen Humor fasziniert:

»Mein Herr Jesus – gern möcht' ich dich lieben,
Verlaß dich dazu nicht auf mich!
Mein Herr, du weißt, wenn du nicht hilfst,
dann wird aus mir nichts Gutes werden.
Ich sagte es dir schon: Ich kenn' dich nicht,
ich suche dich und find' dich nicht:
Komm du zu mir, mein Herr!
Würd' ich dich nämlich kennen,
dann wüßt' ich, wer ich selber bin.
Nie habe ich dich je geliebt, oh Herr,
doch lieben würde ich dich gerne
und nichts als deinen Willen tun.
Weil ich mir selbst jedoch mißtraue
soll mein Vertrauen in dir ruhn!«

Im Vergleich zu früheren Jahrhunderten ist es heute viel einfacher, Zugang zu Schriftwerken zu bekommen; was dazu geführt hat, daß seit einiger Zeit eine Art biblischer Erneuerungsbewegung zu beobachten ist. Sehr häufig ziehen Christen heute wieder die Urschriften zu Rate und lesen zur Annäherung und zum Studium der Person Christi die Texte der Evangelien. Eine schöne Betrachtung über Jesus Christus wurde von Albert Decourtray (1923-1994), Erzbischof von Lyon, herausgegeben. Er beleuchtet darin nicht nur die bekanntesten Begebenheiten aus den Evangelien, sondern lädt gleichzeitig die Leser ein, als Einzelne oder Gemeinschaft ihre Betrachtungs- und Verhaltensweisen zu überdenken:

Jesus sagte nicht: »Diese Frau ist leichtfertig, oberflächlich, töricht; in ihr spiegeln sich die moralischen und religiösen Zustände ihrer Umgebung wider; und schließlich ist sie ja nur eine Frau!« Er bittet sie, ihm zu trinken zu geben, und unterhält sich mit ihr. (Joh. 4, 1-42)

Jesus sagte nicht: »Diejenige, die da versucht hat, den Saum meines Gewandes zu berühren, muß hysterisch sein.« Er hört ihr zu, spricht zu ihr und heilt sie. (Lk. 8, 43-48)

Jesus sagte nicht: »Diese Kinder sind nichts als Plagen.« Er sagte: »Lasset die Kinder zu mir kommen und werdet wie sie.« (Mt. 19, 13-15)

Jesus sagte nicht: »Dieser Mann ist nur ein betrügerischer Beamter, der den Mächtigen schmeichelt und die Armen schröpft und sich so selbst bereichert.« Er kehrt in sein Haus zum Essen ein und läßt seinem ganzen Hause Heil widerfahren. (Lk. 19, 1-10)

Jesus sagte nicht: »Dieser Hauptmann gehört ja nur zur römischen Besatzungsmacht«, sondern: »Solchen Glauben habe ich in Israel nicht gefunden.« (Lk. 7, 9)

Jesus sagte nicht: »Dieser Mensch ist ein Gesetzloser.« Er sagt: »Heute wirst du mit mir im Paradiese sein.« (Lk. 23, 39-43)

Jesus sagte nicht: »Dieser Judas ist ein Verräter.« Er umarmt ihn und sagt: »Mein Freund.« (Mt. 26, 50)

Jesus sagte nicht: »Dieser Prahler ist ein Abtrünniger.« Er sagt zu ihm: »Simon, Sohn des Johannes, hast du mich lieb?« (Joh. 21, 16)

Jesus sagte nicht: »Diese Hohenpriester sind nichts als unrechte Richter, dieser König ist nur ein Hampelmann, dieser römische Statthalter ein Feigling, dieses Volk, das mich verhöhnt, verdient den Namen Pöbel, diese Soldaten, die mich mißhandeln, sind Beamte, die ihre Pflicht tun.« Er sagt: »Vater, vergib ihnen, denn sie wissen nicht, was sie tun.« (Lk. 23, 34)

Jesus Christus als Lebensgrundlage im 21. Jahrhundert

Beinahe zwanzig Jahrhunderte sind vergangen. Seit beinahe zwanzig Jahrhunderten also zieht Jesus von Nazareth nicht mehr durch die Straßen und Wege von Galiläa, und doch spricht man noch von ihm. Und auch heute gibt es noch intelligente Menschen, die ihn als ihren Herrn verehren. Im Vergleich zur Bevölkerungszahl der einzelnen Länder, vor allem der westlichen Welt, machen diese Menschen allerdings einen geringeren Prozentsatz aus, als dies in der Vergangenheit der Fall war, und man stellt sich die Frage, ob solche Gruppierungen noch lange existieren werden oder ob das Ende des Christentums nahe ist. Anders gesagt: Ist es heute noch möglich, »von« Jesus Christus zu leben, und – wenn man diese Frage bejaht – inwiefern kann dies dem modernen Menschen von Nutzen sein?

Auf diese Fragestellungen einfache Antworten finden zu wollen ist schier unmöglich. Im Bestreben, die Unvergänglichkeit ihres Glaubens bestätigt zu sehen, überbieten sich manche Christen im Zitieren gewisser Aussprüche von André Malraux zur Religiosität des 21. Jahrhunderts. Nun ist Malraux kein Orakel, und die Vieldeutigkeit der geistigen und religiösen Erscheinungen verbietet es ohnehin, sich bezüglich einer Glaubenseinstellung einfach so in Sicherheit zu wiegen. Die »Rückkehr des Religiösen«, so lautet das moderne Motto, nimmt Formen an, die zum Teil rein gar nichts mehr mit dem Christentum zu tun haben: Bewegungen wie zum Beispiel New Age, synkretistische Bewegungen, die die Inhalte verschiedener Religionen miteinander vermischen, Astrologie und andere obskure Strömungen, deren Anhänger sich nicht länger mit sturem, trockenem Rationalismus begnügen möchten. In all diesen Bewegungen spielt Jesus eine untergeordnete Rolle; er ist nur einer von vielen Gurus oder Eingeweihten, an die man sich wendet, wenn man Rat und Hilfe sucht. Einem Christen jedoch bedeutet Jesus mehr: Er ist derjenige, für den es sich lohnt, sein Leben zu verwetten. Aber – um die bekannten Worte Pascals aufzugreifen – was hat man davon, wenn man eine solche Wette annimmt?

Glaube und Gebet

Heute scheint es im allgemeinen von größerer Bedeutung zu sein, eine Unterscheidung zwischen Gläubigen und Ungläubigen zu treffen als zwischen Christen und Nicht-Christen. Einen Glauben zu haben und einer Religion anzugehören bedeutet die Anerkennung einer Abhängigkeit; man geht eine Bindung mit jemandem ein, dem man Autorität über das eigene Leben erteilt. Offensichtlich ist also ein Christ zunächst und vor allem ein Gläubiger.

Einige Dinge sind allen Weltreligionen gemeinsam: das Gebet, ein an bestimmte Riten orientierter Lebensablauf, die Beachtung moralischer Regeln, gegebenenfalls die Anerkennung einer geistigen oder religiösen Autorität; sie sind somit auch fester Bestandteil des christlichen Lebens. Das Leben eines Gläubigen, der sich auf eine Verbindung entweder zu einem Gott oder zu dem Vollkommenen, dem Absoluten beruft, ist ohne gewisse Handlungen – wie zum Beispiel Meditation und Fasten – kaum vorstellbar; dies gilt, trotz bestimmter Besonderheiten, auch für das Christentum. Ein geistiger Erfahrungsaustausch in Form eines regen Dialogs der verschiedenen religiösen Richtungen untereinander stellt eine Bereicherung dar, die sich ein Christ auf gar keinen Fall entgehen lassen sollte. Man muß in diesem Zusammenhang erwähnen, daß die Religionskriege der Vergangenheit tiefere Spuren in den betroffenen Völkern hinterlassen haben als derartige Dialoge. Es stellt sich natürlich die Frage, ob es sich damals tatsächlich um Religionskriege handelte oder ob die Bezeichnung »religiös« nicht einfach verwendet wurde, um völlig anderen, z.B. machtpolitischen Interessen, einen religiösen Stempel aufzudrücken und sie so zu legitimieren. Eine nie endende Debatte ...

Welcher Richtung auch immer ein Glaube zuzuordnen ist, stets ergibt sich aus ihm ein bestimmtes Selbstverständnis des Menschen. Einzigartig unter den Geschöpfen dieser Welt, sieht der Mensch sich gern als Maßstab aller Dinge, nach dem alles und jedes beurteilt und erfaßt wird. Ein Gläubiger dagegen ist sich der Tatsache bewußt, daß das Auge Gottes auf ihm ruht, und er sich demzufolge seinem Nächsten und sich selbst gegenüber aufrichtig zu verhalten hat. Menschen sind in den Augen des Gläubigen eigenständige Persönlichkeiten, die sich nicht allein aufgrund ihrer hierarchischen Funktion oder einer Rolle, die sie in ihrem Umfeld spielen, definieren. Der Glaube weist Menschen und Dingen einen bestimmten Platz zu. Wenn Gott tatsächlich existiert, dann existiert er nicht nur für mich allein, sondern ich muß mich als Teil eines Beziehungsgefüges sehen, welches einerseits meine Beziehung zu ihm durch das Gebet und andererseits meine Verbindung mit der gesamten Schöpfung einschließt.

Das tägliche Gebet eines Gläubigen, sei es Bitte, Darbringung, Fürbitte oder Lobpreis, stellt immer einen Akt der Demut dar, der ein Leben lang neu gelernt werden will und von dem man nie behaupten kann, ihn in Vollkommenheit erfüllt zu haben. Ein wichtiges Merkmal des Gebets ist die Stille: Gott hält sich im Hintergrund, er drängt sich nicht auf; deswegen muß man ihm bewußt einen Platz einräumen. Auch die Zeit, die man ihm widmet, ist von grundlegender Bedeutung. »Nur wer gibt, empfängt«, heißt ein Sprichwort, das hier anwendbar ist: Aus den Reichtümern Gottes kann der Mensch nur Nutzen ziehen, wenn er auch selbst sein Bestes gibt. Und was könnte man Besseres geben als die kostbaren Augenblicke des eigenen Lebens? Natürlich kann man in der U-Bahn oder während irgendeiner beliebigen Tätigkeit beten, aber dies kann nicht das persönliche Gespräch des Gläubigen mit seinem Herrn ersetzen, diese Momente der wahren Verbundenheit. Die Höhen und Tiefen und die Dürreperioden, die sich auch beim Gebet immer wieder einstellen werden, dienen dazu, den Gläubigen seine Grenzen erkennen zu lassen, seinen Geist zu schärfen, ihn neuen Mut schöpfen zu lassen und seine Liebe gegenüber seinen Brüdern zu stärken ... Christus zeigt sich in diesen Momenten als wahrer und leibhaftiger Weggefährte, der die unschätzbare Gabe besitzt, die Freiheit jedes einzelnen zu respektieren.

Im Evangelium nach Matthäus wird diese Verbindung zwischen dem Gebet, als Ort engster Verbundenheit mit Gott, und der Gesinnung der betenden Person am Beispiel der Prahler und der Heuchler beschrieben. Zwar spricht in diesem Abschnitt Jesus, doch könnten die Ratschläge auch von einer anderen monotheistischen Religion, wie dem Judentum oder dem Islam, stammen. »Und wenn ihr betet, sollt ihr nicht sein wie die Heuchler (die Pharisäer), die gern in den Synagogen und an den Straßenecken stehen und beten, damit sie von den Leuten gesehen werden. Wahrlich, ich sage euch: Sie haben ihren Lohn schon gehabt. Wenn du aber beten willst, so geh in dein Kämmerlein und schließ die Tür zu und bete zu deinem Vater, der im Verborgenen ist; und dein Vater, der in das Verborgene sieht, wird dir's vergelten.« (Mt. 6, 5-6)

Ein Gläubiger weiß, daß die Aufrichtigkeit des Gebets und die Aufrichtigkeit der Person untrennbar zueinander gehören. Dies gilt nicht nur im Christentum, sondern auch in allen anderen Religionen, die gewisse moralische und geistige Ansprüche stellen.

Jesus als Wort und Bild Gottes

Der Gott der Bibel schließt einen Bund mit seinem Volk und ermöglicht es diesem, ihn durch die Offenbarung kennenzulernen. Die Absicht Gottes wird im Alten Testament immer wieder bestätigt und findet ihre Erfüllung in der Person Jesu Christi als dem Wort und Ebenbild Gottes: »Im Anfang war das Wort, und das Wort war bei Gott, und Gott war das Wort.« (Joh. 1, 1)

Das Wort (griech. *logos)* bezeichnet hier Jesus, durch den alles geschaffen wurde und durch den Gott sich seinen Geschöpfen gegenüber zu erkennen gibt. Der Apostel Paulus verwendet andere Begriffe, wenn er von Jesus spricht: »Er ist das Ebenbild des unsichtbaren Gottes, der Erstgeborene vor aller Schöpfung.« (Kol. 1, 15 – wobei zu berücksichtigen ist, daß der Kolosserbrief als unechter Paulusbrief gilt.) In beiden Fällen wird eine sehr bildhafte Sprache verwendet, die auf keinen Fall überinterpretiert werden sollte. Die Begriffe Wort und Bild haben dabei eine gemeinsame Dimension: In Jesus Christus offenbart sich Gott in seinem Wesen. So kann man Gott kennenlernen, indem man Jesus zuhört und ihn betrachtet. Nur durch ihn erlangt man Zugang zur eigentlichen Kenntnis des Göttlichen. »Ich bin der Weg und die Wahrheit und das Leben«, erklärt Jesus im Evangelium nach Johannes (Joh. 14, 6).

Im Vergleich zu dem, was die meisten philosophischen und religiösen Strömungen anbieten, offenbart sich in Jesus ein völlig anderer Zugang zu Gott. Manche Philosophen sind der Auffassung, daß es das Nachsinnen des Menschen über sich und die Welt ist, welches dazu dient, die lebens-

---

»Ich bin der Weinstock« (Joh. 15, 1)
Jesus wird hier als Weinstock dargestellt; die Apostel sind die Reben. Ein Nachfolger Jesu, der keine Verbindung zu seinem Meister hat, verdorrt wie die Rebe.
Athen, Byzantinisches Museum.
Ph. © Dagli Orti.

wichtigen Fragen zu stellen und eventuell auch die entsprechenden Antworten zu finden. Nach Meinung der Vertreter der monotheistischen Weltreligionen, vor allem des Judentums und des Islam, bedient sich Gott der Propheten, um zum Menschen zu reden, und verschafft seinen Geschöpfen damit einen einzigartigen, privilegierten Zugang. In der christlichen Religion ist diese Vermittlung zwischen Gott und den Menschen eine völlig andere, da sich Gott seines Sohnes bedient, des menschgewordenen Gottes: Jesus Christus, der nicht nur von Gott spricht und seine Gestalt offenbart, sondern der den Gläubigen auch bei der Hand nimmt und ihn zum Vater führt.

Gott ist natürlich zunächst einmal Gott. Aber das ist nicht alles: Er ist auch einer von uns; in der Person Jesu Christi spricht er zu uns und offenbart sich uns, er wird geboren, empfindet Mitleid, leidet und stirbt. In den sechziger Jahren kamen theologische Strömungen auf, die als »Gott-ist-tot«-Theologie bezeichnet wurden; diese christlichen Theologien beharrten darauf, daß das Christentum sich von den Religionen abgrenzt, die »Gott in seinem Himmel sitzen und sich dem Gefallen an seiner Transzendenz hingeben lassen«. Obwohl diese Ausdrucksweise provokant und bewußt widersinnig ist, kann man in ihr doch gleichzeitig den interessanten Versuch erkennen, einer der grundlegenden Institutionen des Christentums Gestalt verleihen zu wollen: Der Weg des Menschen zu Gott und der Weg Gottes zu den Menschen laufen in einem einzigen Punkt zusammen, in der Person Jesu Christi. Und dieser Mensch ist Gott. Was seine Person betrifft, so ist er über alle Aussagen und Vorschriften erhaben. Einer anderen Vermittlung oder eines anderen Mittlers zwischen Gott und Menschen bedarf es nicht.

»Denn frage nach den früheren Zeiten, die vor dir gewesen sind, von dem Tage an, da Gott den Menschen auf Erden geschaffen hat, und von einem Ende des Himmels zum anderen, ob je so Großes geschehen oder desgleichen je gehört sei, daß ein Volk die Stimme Gottes aus dem Feuer hat reden hören, wie du sie gehört hast, und dennoch am Leben blieb? Oder ob je ein Gott versucht hat, hinzugehen und sich ein Volk mitten aus einem Volk herauszuholen durch Machtproben, durch Zeichen, durch Wunder, durch Krieg und durch seine mächtige Hand und durch seinen ausgereckten Arm und durch große Schrecken, wie das alles der HERR, euer Gott, für euch getan hat in Ägypten vor deinen Augen?« (5. Mose 4, 32-34) Diese Worte Moses, die er am Tag nach dem Auszug aus Ägypten an das Volk Israel richtete, könnten gleichermaßen in bezug auf Jesus Christus zitiert werden: Das Christentum ist die einzige Religion, in der Gott derart eins wird mit der Welt, die er erschaffen hat. Es wäre falsch, dies als Rechtfertigung oder Beweis der Vollkommenheit des christlichen Glaubens heranziehen zu wollen; nichtsdestotrotz darf der Christ sich freuen, einen solchen Einblick in das göttliche Herz zu bekommen. An Kostbarkeiten sollten sich immer auch andere erfreuen dürfen; deshalb leuchtet es ein, daß ein Christ anderen seine Begeisterung über diesen Reichtum kundtun möchte.

Jesus als Retter der Welt

Den Begriff der Erlösung definieren zu wollen stellt sich als ungemein schwierig heraus, um so mehr, als Erlösung von der Bedeutung her eng verknüpft ist mit dem Begriff Befreiung. Die Annahme, Gott werde uns erlösen, wird unweigerlich die Frage aufwerfen: »Von was erlöst er uns denn?« Von wirklicher Erlösung kann man allenfalls reden, wenn man tatsächlich von etwas Schlimmen erlöst worden ist. Wenn ein Christ behauptet, von Jesus Christus gerettet worden zu sein, dann muß er auch in der Lage sein, diese schlimme Situation, aus der sein Erretter ihn herausgeführt hat, näher beschreiben zu können.

Lange Zeit haben Christen auf die Frage nach der Erlösung im wesentlichen geantwortet, daß Jesus den Menschen von der Sünde errette. Ohne die inhaltliche Richtigkeit einer solchen Antwort anzweifeln zu wollen muß man jedoch heutzutage feststellen, daß sie nicht mehr unbedingt zu überzeugen vermag. Den Begriff der Sünde verbindet der moderne Mensch meist mit einer überholten Vorstellung von der Übertretung gewisser Detailregeln (zum Beispiel dem Fernbleiben von der sonntäglichen Messe, dem Verzehr von Fleisch an Tagen, an denen dieses untersagt ist, etc.); doch eine Errettung von solchen kleinen Sünden würde heute kaum auf Verständnis stoßen. Sich der Sünde bewußt zu sein setzt voraus, daß man ein Gottesbewußtsein besitzt; da letzteres in der heutigen Zeit nicht unbedingt weit verbreitet ist, muß man häufig auch das Vorhandensein eines Sündenverständnisses anzweifeln.

Im gleichen Maße, wie die Sünde als biblisches Element gilt, trifft dies auch auf die scheinbare Sinnlosigkeit der Welt zu, die allerdings durchaus auch heute noch wahrgenommen wird: »›Es ist alles ganz eitel‹, sprach der Prediger, ›es ist alles ganz eitel.‹« (Pred. 1, 2) Dieser Ausspruch ist immer noch aktuell: Ein Tag folgt dem anderen, nichts als grauer Alltag, Fortschritt scheint nur in den Köpfen dieser unverbesserlichen Träumer, die sich Menschen nennen, zu existieren; und doch bleibt alles beim alten. Die Welt erweckt den Eindruck, als sei sie aus dem Nichts entstanden, erginge sich in beständiger Bedeutungslosigkeit und stürze schließlich ihrem katastrophalen Ende entgegen. »*No future*« verkünden Graffiti an den Gebäuden unserer Städte; Jugendarbeitslosigkeit, die immer wieder von neuem zerstörte Hoffnung auf Frieden und all die übrigen traurigen Ereignisse ereilen eine sowieso schon krisengeschüttelte Welt und scheinen nichts als Trübsinn zu verbreiten. In einer solchen Situation der allgemeinen Hilflosigkeit kann es von großer Bedeutung sein, über herannahende Rettung zu sprechen. Dazu allerdings muß derjenige, der die Rolle des Verkünders spielt, die Situation als solche klar erkennen können und den Mut haben, eine derart erstaunliche Heilsbotschaft, wie sie in den Evangelien enthalten ist, zu verkünden.

Vor einigen Jahrzehnten entstand in Südamerika eine Bewegung, die auch die soziale Dimension des in den Evangelien verkündeten Heilsbegriffs aufzugreifen begann. Das Evangelium ist die frohe Botschaft für die Armen: »Selig seid ihr Armen; denn das Reich Gottes ist euer«, lautet die erste Seligpreisung, die Jesus im Evangelium nach Lukas ausspricht (Lk. 6, 20); und so widmete er sich während seines Daseins auf der Erde ganz besonders den Armen. Diese Botschaft der Hoffnung wurde lange Zeit hauptsächlich als eine Ermahnung an die Reichen, ihre Güter mit den Ärmsten der Armen zu teilen, aufgefaßt. Erst allmählich begannen die Armen selbst, sie als Aufforderung zu sehen, sich mit Gottes Hilfe vom Joch ihrer Unterdrückung zu befreien. Als »Befreiungstheologie« hat sich diese Bewegung mittlerweile im Sprachgebrauch eingebürgert; sie nährt die Hoffnung der einen Seite und ruft Verärgerung auf der anderen Seite hervor; sie geht stets mit politischen Entscheidungen einher, die ihrerseits wiederum zu den üblichen Meinungsverschiedenheiten innerhalb der verschiedenen christlichen Gemeinschaften führen. Natürlich ist es nicht einfach, diese Fragen rein objektiv zu behandeln, denn im allgemeinen ist man nie gleichzeitig arm und reich und daher fast immer parteiisch. Unbestreitbar ist jedoch, daß die Errettung im christlichen Sinne den Sieg über jegliche Art des Todes bedeutet und daß es pure Heuchelei wäre, wollte man das ewige Leben predigen, ohne zugleich gegen Armut, Unterernährung, Krankheit und andere Beeinträchtigungen des Lebens anzugehen.

Das von Jesus angebotene Heil ist das Resultat seines Todes und seiner Auferstehung. Er ist auferstanden, so lautet die Kernaussage des christlichen Glaubens. Die Auferstehung betrifft jedoch nicht nur ihn selbst, denn er ist auch der »Erstgeborene von den Toten« (Kol. 1, 18). Demgemäß ist jeder Mensch zur Auferstehung und zur ewigen

Freude, die Gott für ihn seit den Uranfängen der Erde bereithält, bestimmt.

Viele Menschen, darunter auch solche, die in den Statistiken als Christen aufgeführt werden, stimmen diesem Glaubensgrundsatz nicht zu. Nun kann man nicht erwarten, daß eine solch ungewöhnliche Botschaft sofort von allen verstanden wird, zumal sie schon allzu häufig mißbraucht worden ist. Mal diente sie als billiger Trost für die Elenden dieser Welt, denen die Mächtigen einredeten, der Himmel würde sie später für das auf Erden erlittene Unrecht entschädigen, mal wurde ihr in angsteinflößenden Predigten über die Strafe der Verdammnis eine erschreckende Alternative gegenübergestellt. Was soll man also mit dieser guten Botschaft des Lebens nach dem Tode anfangen, wenn die Chance, sich im Jenseits auf der richtigen Seite zu befinden, nur eins zu eins steht?

Die Tympana der Kathedralen sind reich an prunkvollen Darstellungen des Jüngsten Gerichts, wie es in den Evangelien beschrieben wird. Das wohl berühmteste Bild zeigt, wie alle Völker vor dem Sohn Gottes erscheinen, damit jeder einzelne den Lohn seines Wandels auf der Erde empfange: »Denn ich bin hungrig gewesen, und ihr habt mir zu essen gegeben. Ich bin durstig gewesen, und ihr habt mir zu trinken gegeben. [...] Da wird er sagen zu denen zu seiner Rechten [...]. Dann wird er auch sagen zu denen zur Linken [...].« (Mt. 25, 31-46)

So schön dieses Bild auch anmuten mag, es scheint gleichzeitig auch etwas von der Subtilität der Sprache preiszugeben: Die Einteilung in zwei Seiten – zur Rechten Jesu die Auserwählten, zur Linken die Verdammten – stellt Himmel und Hölle auf den gleichen Rang, und die Wahrscheinlichkeit, dorthin zu gelangen, ist bei beiden gleich hoch.

Daraus wiederum könnte man die schwerwiegende Schlußfolgerung ziehen, daß beide Orte von Anbeginn an feste Bestandteile von Gottes Plan mit dem Menschen waren. Sollte dies der Inhalt der Frohen Botschaft sein?

Bei näherer Betrachtung der entsprechenden Passagen im Matthäusevangelium liest man folgendes über das Paradies: »Kommt her, ihr Gesegneten meines Vaters, ererbt das Reich, das euch bereitet ist von Anbeginn der Welt.« (Mt. 25, 34) Über die Hölle heißt es: »Geht weg von mir, ihr Verfluchten, in das ewige Feuer, das bereitet ist dem Teufel und seinen Engeln!« (Mt. 25, 41)

Niemand kann sich jemals sicher sein, automatisch von diesem ewigen Feuer, das hier einen Zustand ewigen Elends versinnbildlicht, verschont zu werden. Wenn Gott den Menschen mit einem freien Willen ausgestattet hat, dann muß er zwangsläufig diese Freiheit des Menschen respektieren und kann ihn weder zu seinem Glück zwingen noch sich ihm selbst für alle Ewigkeit aufdrängen. In den oben genannten Textstellen wird allerdings auch sehr anschaulich erklärt, für wen das Feuer angezündet wurde: Für den Teufel und seine Engel. Auch wenn der Mensch die Möglichkeit hat, sich selbst für das Feuer zu entscheiden, so heißt dies aber nicht, daß es die ursprüngliche Absicht Gottes war, einen Menschen darin umkommen zu lassen. Beurteilt man diese Situation einmal aus der Sicht- und Denkweise eines Menschen, könnte man demnach schlußfolgern, daß Gott nur »ungern« einen der Seinigen dort leiden sähe.

In Anbetracht der Tatsache, daß die Kirchen nie in der Lage gewesen sind, eine befriedigende Darstellung und Erklärung des Jenseits zu liefern, scheint es durchaus einleuchtend, daß der Reinkarnation immer größere Aufmerksamkeit gewidmet wird – der gegenwärtige Erfolg dieser Vorstellung spricht Bände! Inwieweit jedoch entspricht dieses Umherirren der Seele in verschiedenen Existenzen, die weniger wertvoll sind als die des Menschen, einer wahren Erlösung? Die Inhalte der fernöstlichen Religionen sollen hier keineswegs abgewertet werden, aber es bleibt festzuhalten, daß das vom Christentum propagierte ewige Leben (Auferstehung statt Reinkarnation) auf eine andere Art erhebend ist, vorausgesetzt, man löst sich von einseitigen Darstellungen und läßt sich auf intensives Nachdenken über die zukünftige Glückseligkeit in Gottes Nähe ein.

Der Mensch ist nicht nur als Individuum für eine Welt des Lichts ausersehen, sondern er darf auch ein kollektives Heilsangebot annehmen: Jeder einzelne ist zwar zur Errettung bestimmt, aber keiner hat einen alleinigen Anspruch auf dieses angebotene Heil. Das Neue Testament kündigt einen neuen Himmel und eine neue Erde an, das verwandelte Jerusalem, Wohnstätte vieler Völker, in deren Mitte das geschlachtete Lamm regiert, Christus, der den Tod besiegt hat (Offb. 21, 1-2). In der Apokalypse, die ursprünglich – entgegen der herkömmlichen Auffassung – nicht die Verkündung einer Katastrophe, sondern die Offenbarung oder Enthüllung einer Botschaft des Glücks bedeutete, werden viele verschiedene Bilder zur Ankündigung dieser leuchtenden Zukunft benutzt.

Das Buch der Offenbarung hat durchaus nicht die Absicht, all dies als billigen Trost hinzustellen. Im Gegenteil, es spricht ganz klar von den Bewährungsproben, denen die Welt und ihre Bewohner ausgesetzt werden. Von Prüfungen und Trostlosigkeit wird jedoch die Zukunft nicht bestimmt werden. Jesus als Lebensgrundlage zu haben, aus ihm zu leben, heißt, sich der Zugehörigkeit zu einer erretteten Welt bewußt zu sein. Die Tatsache, daß diese Errettung Zukünftiges betrifft – denn was wir in der Gegenwart erkennen, sind nur Schatten dessen, was die Zukunft bringen wird –, schmälert in keiner Weise das erworbene und zugrundeliegende Heil, das zudem noch über allen Unwägbarkeiten unserer Zeit steht. Die Welt geht ihrer Vollendung entgegen; Christus wird am Ende der Weltzeit wiederkommen und alle Dinge in sich vereinen.

Daraus ergibt sich nun ein völlig anderes Bild, denn nunmehr muß man feststellen, daß die um sich greifende pessimistische Stimmung wohl kaum mit dem Glauben an Jesus Christus vereinbar ist. Christen sollten heutzutage mehr über ihre Hoffnung reden und intensiver und in gemeinschaftlicher Initiative gegen das Böse in der Welt, gegen Armut und Pessimismus angehen. Sie bedürfen dazu einer gewissen Herausforderung, damit sie ihren Worten, sprich: Überzeugungen, auch Taten folgen lassen. Der christliche Glaube ist zwar schon an sich eine Art Antriebskraft und ist Grundlage bestimmter Handlungen und Hoffnungen; ohne aktives Dazutun jedoch bleibt er wirkungslos. Christen selbst wissen besser als ihre Kritiker, daß sie keineswegs Heilige sind; doch ihr Glaube sagt ihnen, daß sie als solche leben und ihre Brüder auf diesem Wege mitziehen sollten. Eine praktische Umsetzung dieses Wissens ist nicht nur Ausdruck der Stärke, sondern auch Ausdruck eines gemeinschaftlichen Verantwortungsbewußtseins.

Jesus als Erstgeborener unter vielen Brüdern

»Liebe Brüder und Schwestern«, lautete in der Vergangenheit die Einleitung fast jeder Predigt. Diese Formel ist mittlerweile so abgedroschen, daß weder Priester noch Pastoren sie jemals wieder von ihrer Kanzel herabrufen würden. Allerdings muß auch diese Anrede im Lichte der Bibel gesehen werden: Dort bezeichnet sie nämlich die Beziehungen der Christen untereinander. Der Apostel Paulus beispielsweise bezeichnet Jesus als »den Erstgeborenen unter vielen Brüdern« (Röm. 8, 29). Im Vergleich dazu sind andere Bindungen nur zweitrangig, auch wenn sie – wie im Falle der verwandtschaftlichen Bezeichnungen zwischen Eltern und Kindern oder Ehepartnern – ebenso heilig sind. Was die sozialen Bindungen angeht, zum Beispiel zwischen Vorgesetztem und Untergebenem, Bürgern einer Stadt und Fremden, Lehrmeister und Lehrling, so entstehen diese rein zufällig. Brüder nennt man zwei Menschen vor allem dann, wenn diese brüderliche Verbindung ihren Ursprung in Gott als dem Vater und in der gemeinschaftlichen Beziehung zu dem menschgewordenen Christus hat. Im Matthäusevangelium sagt Jesus: »Aber ihr sollt euch nicht Rabbi nennen lassen; denn einer ist euer Meister; ihr aber seid alle Brüder. Und ihr sollt niemanden unter euch Vater nennen auf Erden; denn einer ist euer Vater, der im Himmel ist.« (Mt. 23, 8-9)

Soll man diese Aussagen denn wörtlich nehmen? Die verschiedenen Konfessionen haben in dieser Frage immer unterschiedliche Standpunkte vertreten. So lehnt es ein Protestant im allgemeinen ab, einen Geistlichen mit »Vater« anzureden, eine Anrede, die bei den Katholiken gang und gäbe ist. Wie auch immer der Sprachgebrauch aussehen mag (ohne dessen Bedeutung leugnen zu wollen), wichtig ist, daß eine Beziehung richtig bewertet wird: Jegliche Überbewertung einer hierarchischen Ordnung zu Ungunsten einer viel substantielleren, brüderlichen Verbindung wäre nicht im Sinne dessen, was uns die Evangelien lehren.

Die Taufe des Neugeborenen stellt ein Sakrament dar, mit dem der Täufling in die christliche Gemeinde aufgenommen wird. Dazu müssen die Eltern zunächst die Beziehung zu ihrem Kind als eine geschwisterliche anerkennen, bevor sie eine Eltern-Kind-Beziehung herstellen. Beide, Eltern und Kind, sind Teilhaber am Leben des Herrn. Die gesamte Taufzeremonie, ihre Riten sowie die Taufliturgie lassen im Grunde genommen von vornherein eine besitzergreifende Haltung der Eltern gegenüber ihrem Kind nicht zu. Folgt man dieser Logik, so stellt man fest, daß eine Taufe eigentlich etwas völlig anderes ist, als die heute üblichen Feiern im Kreise der Lieben zu Ehren des lieben kleinen Täuflings suggerieren – was jedoch nicht heißen soll, daß die Freude über die Geburt eines Kindes nicht in diesem Rahmen zum Ausdruck gebracht werden sollte.

Aus der vorrangigen Stellung der brüderlichen Beziehung der Menschen untereinander leitet sich das Gebot der Liebe ab. »Wenn jemand spricht: ›Ich liebe Gott‹ und haßt seinen Bruder, so ist er ein Lügner. Denn wer seinen Bruder nicht liebt, den er sieht, wie kann er Gott lieben, den er nicht sieht?« (1. Joh. 4, 20)

Die Liebe, wie sie in den Evangelien beschrieben wird, läßt sich nicht auf ein einzelnes Gefühl beschränken: Sie ist fordernd, allumfassend und überwindet Grenzen aller Art, auch diejenigen, die wir selbst in vielerlei Hinsicht errichten. Da diese Liebe ihren Ursprung direkt in der Liebe findet, die Gott den Menschen zuteil werden läßt und die er in der Person Jesu Christi offenbarte, kann man hier von einer absoluten Liebe sprechen. Unweigerlich wird auch diese Liebe immer wieder gewissen äußeren Unwägbarkeiten ausgesetzt sein, aber ihr Fundament bleibt unverrückbar.

Entsprechend der Vorrangstellung der brüderlichen Liebe räumt das Christentum der Vergebung, die sozusagen als letztendliche Konsequenz der Liebe gilt, eine besondere Bedeutung ein. Gott selbst ist ein Gott der Vergebung; immer wieder handeln wir treulos ihm gegenüber, und doch ist er stets zur Vergebung bereit, wie im Gleichnis des Verlorenen Sohns deutlich wird (Lk. 15, 11-32). Das Verhältnis zwischen Gott und den Menschen ist im Grunde genommen unzerstörbar; sein Erbarmen ist so unendlich groß, daß eigentlich kein Mensch das Recht hat, an sich selbst zu verzweifeln. Gott hat uns nicht nur aus der Bedrängnis errettet, sondern auch von unseren Sünden. Sollten wir, angesichts dieser unermeßlichen Vergebung, noch rachsüchtige oder nachtragende Gedanken gegen unsere Brüder hegen?

Die Vergebung, so schwer sie auch manchmal zu gewähren ist, ist untrennbar mit dem christlichen Wesen verbunden. Nur durch die Vergebung wird zum Beispiel ein derart übermenschliches Abenteuer wie die im kirchlichen Sinne verstandene Ehe möglich. Zwei Menschen, die sich freiwillig verpflichten, ihre Liebe treu und ewig zu leben, und akzeptieren, Kinder in eine Welt zu setzen, deren zukünftige Entwicklung völlig in den Sternen steht: Das heißt im wahrsten Sinne des Wortes, sein Leben im Vertrauen auf Gott zu führen.

Ein solches Unternehmen kann nur auf Grundlage einer von Gott gegebenen Liebe und dem Willen zur Vergebung durchgeführt werden. Auch in diesem Zusammenhang ist wieder einer der in den Evangelien häufig zitierten Glaubensgrundsätze von fundamentaler Bedeutung: »Denn bei Gott ist kein Ding unmöglich.« (Lk. 1, 37)

Jesus als das Haupt der Kirche

Auf Fragen nach ihrer Verbindung zu Christus und der Kirche haben Männer und Frauen immer wieder auf eine ungewöhnliche, aber gleichzeitig verständliche Weise reagiert – sie bekennen sich durchaus gern zu ihrer Bindung an Christus, lehnen die an irgendeine Kirche jedoch vehement ab. Häufig sind Aussagen zu hören wie: »Jesus? Kein Problem! Kirche? Kommt überhaupt nicht in Frage!« Sogar Menschen, die sich in ihrem Glauben engagieren und aktiv ihre Mithilfe in christlichen Gemeinschaften anbieten, haben sich dementsprechend geäußert.

An Gründen für eine solche Reaktion fehlt es wahrhaftig nicht. Der Kirche, vor allem der katholischen, macht man Vorwürfe wegen ihrer Stellungnahmen zum Thema Ethik, wegen ihrer archaischen Funktionsweise, ihrer Borniertheit, des autoritären Verhaltens der Verantwortlichen etc. Diese Aufzählung könnte beliebig ergänzt werden, denn es gibt zahlreiche Dinge, die an der Kirche mißfallen und eine Distanzierung rechtfertigen können. Wie auch immer es um die Stichhaltigkeit solcher Begründungen bestellt sein mag,

---

Der Christus des heiligen Johannes vom Kreuz
Juan de la Cruz (hl. Johannes vom Kreuz), ein spanischer Karmelit im 16. Jahrhundert, war der erste, dessen Gemälde den Gekreuzigten von oben zeigt, ähnlich einem göttlichen Wurfgeschoß vor dem Einschlag in den Boden. Dalí hat sich von dieser Form der Darstellung inspirieren lassen und sie zu weltweiter Berühmtheit gebracht.
Salvador Dalí, Glasgow Art Gallery, Schottland.
Ph. © Glasgow Museums: The St. Mungo Museum of Religious Life of Art/Edimedia.

ein aufrichtiger Gläubiger muß akzeptieren, daß seine Überzeugungen schon allein aufgrund der Glaubensinhalte immer wieder kritisch hinterfragt werden.

Daß ein Unterschied zwischen Jesus Christus und der oder den Kirchen besteht, hat vermutlich mittlerweile jeder begriffen. Nichtsdestotrotz darf man keine radikale Trennung von Person und Gemeinschaft vornehmen, denn der Erstgeborene von den Toten ist zugleich »das Haupt des Leibes, nämlich der Gemeinde«, schreibt der Apostel im Brief an die Kolosser (Kol. 1, 18). Natürlich kann es vorkommen, daß Verantwortliche in einer Hierarchie ihre Aufgaben schwerfällig oder gar unziemlich erfüllen; aber ist es selbst dann nicht widersinnig, sich einerseits zwar auf das Haupt zu berufen, andererseits jedoch den Leib zu verwerfen? Ist es tatsächlich möglich, um mit dem Apostel Johannes zu sprechen, Christus, den man nicht sieht, zu lieben, die christliche Gemeinde, die Ecclesia aber, die sichtbar ist, nicht zu lieben?

Trotz aller Fehler, die die Kirche seit Jahrhunderten begangen hat, ist sie nach wie vor die Gemeinschaft, dank derer wir heute einen großen Schatz in Händen halten: die christlichen Schriften. Es gibt wohl kaum eine Seite in den Evangelien, die nicht zu individuellen oder kollektiven Veränderungen aufruft, auch und gerade im Hinblick auf die Kirche. Diese Gemeinschaft bringt sogar Schriften zu Ehren, die ihre eigenen Unzulänglichkeiten widerspiegeln: Sogar Texte, die die Kirche in Abrede stellen und Läuterung ihres Verhaltens verlangen, finden im Rahmen der kirchlichen Liturgien Erwähnung. Auch liefert sie ständig ihren eigenen Gegnern neue Waffen, die diesen ihre Kritik und sogar den Kampf gegen sie erleichtern. Welche andere Gruppe von Menschen würde sich gegenüber Freund wie Feind so tugendhaft verhalten?

Für den Christen übernimmt die Ecclesia die Rolle einer Mutter, in der sie übrigens alle ihre Tugenden und Fehler vereint: Sie ernährt und liebt, kümmert sich aber häufig zu intensiv und zu ausschließlich um ihre »eigene Brut«! Nun hat man natürlich das Recht, Kritik an der eigenen Mutter zu üben. Man kann ihr widersprechen, heftig mit ihr streiten, aber man wird sie nicht verleugnen. Solche Konflikte können manchmal eine tragische Wendung nehmen, und wer würde sich anmaßen können, jemanden zu richten, der dann auf Distanz geht und seine Wunden leckt? Aber ein Christentum als authentisch zu bezeichnen und dabei gleichzeitig eine Institution, in deren Inneren die Gestalt Christi zum Ausdruck gebracht wird, als unwichtig abzutun, das ist verstandesmäßig wohl kaum nachvollziehbar. Man muß sich schon fragen, was eine solche vermeintliche Beziehung zu Christus wert ist, wenn sie sich mühelos derartige Bequemlichkeiten gönnt.

Die Evangelien als Gleichnis

Kann ein moderner Mensch heute überhaupt noch etwas mit Jesus Christus anfangen? Im vorausgehenden Kapitel wurde versucht, eine Antwort auf diese Frage zu liefern. Die Überzeugungskraft der Antwort hängt zwangsläufig von der antwortenden Person ab; aber viel wichtiger noch als zu überzeugen ist es, mit der Antwort auch eine Anregung zum Nachdenken zu geben.

Jesus Christus anzugehören ist vor allem das Ergebnis persönlicher Überlegungen und Entscheidungen. Die Kirche kann in diesem Prozeß eine sowohl positive als auch negative Rolle spielen, sie kann aber nicht die letztendliche Entscheidung treffen. In den kirchlichen Liturgien stehen die Evangelien, die für den Christusforscher von ausschlaggebender Bedeutung sind, an oberster Stelle. Zwischen Jesus und den kanonischen Evangelien besteht genauso wie zwischen Christus und der Kirche ein ursächlicher Zusammenhang, der es verdient, näher betrachtet zu werden.

Eine der bevorzugten literarischen Darstellungsweisen in den Evangelien ist die der Gleichnisse oder Parabeln. Dies sind kleine, eigenständige Erzählungen – insgesamt sind es ungefähr 50 –, die in die Reden Jesu eingeflochten sind. Die Zahl variiert jedoch in der Sekundärliteratur je nach Verfasser, da diese manchmal auch einfache kleine Passagen, die Jesus in seinen Äußerungen verwendet, als Gleichnisse auffassen, die andere Autoren wiederum als einfache Vergleiche bezeichnen, und umgekehrt. Die Gleichnisse nehmen einen derart bedeutenden Raum ein, daß man ohne

Übertreibung sagen kann, daß die Evangelien ohne sie vermutlich nicht existieren würden. Da sie also sozusagen das Fundament des Evangeliums bilden, wäre es ein leichtes, sich noch einen kleinen Schritt weiter vorzuwagen und die Schlußfolgerung zu ziehen, daß letztendlich das Evangelium selbst die Funktion eines Gleichnisses innehat.

Der Begriff »Gleichnis« bzw. »Parabel«, der dem Griechischen *parabolê* entstammt, läßt sich in zwei Bestandteile gliedern: In die Vorsilbe *para* (»entlang, neben«) und das Verb *ballein* (»schleudern, werfen«). Für Etymologen ist die Parabel demzufolge etwas, was »daneben geworfen wird«; in der Literaturwissenschaft stellt sie eine Form der Erzählung dar, bei der der Erzählende sich über einen Umweg oder Seitenweg an seinen Zuhörer wendet. Er erzählt also eine Begebenheit, die scheinbar in keinem Zusammenhang mit dem Beziehungsgefüge zwischen Erzähler und Zuhörer steht, dieses aber »zwischen den Zeilen« doch anspricht. Ist der Zuhörer bereit, sich zu öffnen, so wird er das erkennen, was ihn betrifft, und daraus die entsprechenden Schlußfolgerungen ziehen.

Die Erzählform der Parabel ist im übrigen ein ausgezeichnetes pädagogisches Mittel, da sie sich bestens dazu eignet, den Zuhörer zu einer Meinungsänderung zu bewegen. Wenn ein Zuhörer das Gefühl hat, durch eine Ansprache verbal attackiert zu werden, wird er sofort in Verteidigungsstellung gehen; diese grundsätzliche Voreingenommenheit wird er bei der Parabel nicht entwickeln, da er sich hier zunächst auf neutralem Boden befindet. Ist er bereit, sich ganz auf die Erzählung einzulassen, dann wird er sich möglicherweise schnell mit einer Figur in der erzählten Geschichte identifizieren, seinen Standpunkt daraufhin überprüfen und ändern, gegebenenfalls sogar seine eigene Lebensführung in Frage stellen. Da die Parabel eine Form der Ansprache ist, die die Eigenständigkeit ihrer Adressaten voll und ganz respektiert, wird eine solche Entscheidung zugunsten einer Meinungs- oder Lebensänderung einzig und allein vom Zuhörer selbst getroffen werden.

Parabeln sind erdichtete Erzählungen, die Evangelien hingegen berichten über tatsächliche Ereignisse. Aber trotz dieses beträchtlichen Unterschieds ist nicht auszuschließen, daß die Evangelien uns auf die gleiche sanfte und doch provozierende Art ansprechen wie Gleichnisse. Weder die Evangelien noch die Bibel insgesamt wollen als eine Ansammlung von Befehlen und Anordnungen verstanden werden, die dem Menschen vorgeben, was er zu tun hat. Beide, das Alte sowie das Neue Testament, erzählen uns jeweils eine Geschichte: Die des Bundes zwischen Gott und einem Volk (Altes Testament) und die von Jesus von Nazareth (die Evangelien).

Da diese Geschichte nicht die Geschichte des Lesers ist, der durch sein Dasein seine eigene Geschichte schreibt, erreicht ihr Inhalt ihn in Form eines Gleichnisses. Er erkennt sich darin in Personen oder Personengruppen wieder, kann jedoch völlig frei entscheiden, welche Teile er auf sich bezieht.

Die Kirche bietet nicht nur ein einziges, sondern insgesamt vier kanonische Evangelien an, und gesteht dem Leser somit eine noch größere Entscheidungsfreiheit zu. Jedes dieser Evangelien zeigt nämlich auf seine Weise den Weg zu Jesus Christus auf und gibt dem Gläubigen Lebenshilfen für diesen Weg mit. Welches Evangelium er wann, wie häufig und wie intensiv zu Rate zieht, bleibt dem Leser selbst überlassen.

Irgendwann hat einmal jemand gesagt, daß man in den Evangelien nie von einem lachenden oder heiteren Jesus liest. Das trifft zwar tatsächlich zu, aber Jesus wird in den Evangelien auch als der Sohn Gottes bezeichne und Gott ist durchaus nicht ohne Humor: Die etymologische Wurzel des Namens Isaaks, Sohn des Abraham, deutet im Hebräischen nämlich auf »das Lachen Gottes« hin. Obwohl Gott dem Menschen mit Sicherheit vieles mitzuteilen hätte, tut er dies nicht auf direktem Wege – vielleicht möchte er sich dem Menschen einfach nicht aufdrängen. Die gesamte biblische Geschichte spiegelt eine Art Liebesbeziehung Gottes zu seinem Volke wider; eine Liebe, die einseitig zu sein scheint, da dieses Volk überhaupt nicht geliebt werden möchte. Diese Liebesgeschichte zwischen Gott und seinem Volk wird in einem Menschen personifiziert – einem Menschen ohne jegliche Machtansprüche oder -gebaren, so verletzlich sogar, daß er sich töten ließ; jemand, der es nicht einmal für nötig befand, ein geistiges Testament zu verfassen, ein Mensch schließlich, der Anlaß zu einer solchen Fülle von Berichten und Erzählungen über seine Person gegeben hat, daß diese heute noch die Welt der Exegeten in ihren Bann ziehen – dem Menschen Jesus Christus.

Es ist heutzutage relativ einfach, aus all diesen Worten und Versen der Evangelien die zur jeweiligen Gelegenheit passenden oder unpassenden auszuwählen und damit »um sich zu werfen«. Sich aber auf eine Erzählung einzulassen, durch sie das eigene Leben, wie durch ein Gleichnis veranlaßt, zu hinterfragen, darin die Züge eines über alles Sichtbare erhabenen Antlitzes ausmachen zu können, das ist eine völlig andersgeartete Herausforderung und eine weitaus größere Bereicherung.

Palästina zu Zeiten Jesu Christi

Anhang

Erklärung der biblischen Verweise

Die Namen der im Text genannten biblischen Bücher erscheinen jeweils in ihrer abgekürzten Form. Das Komma dient dabei als Trennungszeichen zwischen Kapitel (erstgenannte Zahl) und Vers (nachfolgende Zahl), der Punkt trennt zwei Versangaben voneinander, das Semikolon leitet zur Bezeichnung des folgenden Kapitels über.

Beispiele:

3. Mose 3, 2-4:
   Das dritte Buch Mose, Kapitel 3, Verse 2 bis 4.

Mt. 6, 2-6. 9:
   Das Evangelium nach Matthäus, Kapital 6, Vers 2 bis 6 und Vers 9.

1. Ri. 7, 18-20; 9, 12:
   Das erste Buch der Richter, Kapitel 7, Verse 18 bis 20 und Kapitel 9, Vers 12.

Die biblischen Bücher

Am.	Amos
Apg.	Apostelgeschichte
Chr., 1. Chr.	1. Chronik
Chr., 2. Chr.	2. Chronik
Dan.	Daniel
Eph.	Der Brief an die Epheser
Esr.	Das Buch Esra
Est.	Das Buch Ester
Gal.	Der Brief an die Galater
Hab.	Habakuk
Hag.	Haggai
Hebr.	Der Brief an die Hebräer
Hes.	Hesekiel
Hiob.	Hiob
Hld.	Das Hohelied
Hos.	Hosea
Jak.	Der Brief des Jakobus
Jer.	Jeremia
Jes.	Jesaja
Joel	Joel
Joh.	Das Evangelium nach Johannes
Joh., 1. Joh.	Der erste Brief des Johannes
Joh., 2. Joh.	Der zweite Brief des Johannes
Joh., 3. Joh.	Der dritte Brief des Johannes
Jona	Jona
Jos.	Das Buch Josua
Jud.	Der Brief des Judas
Judith	Das Buch Judith
Klgl.	Klagelieder
Kol.	Der Brief an die Kolosser
Kön., 1. Kön.	Das erste Buch der Könige
Kön., 2. Kön.	Das zweite Buch der Könige

Kor., 1. Kor.	Der erste Brief an die Korinther
Kor., 1. Kor.	Der zweite Brief an die Korinther
Lk.	Das Evangelium nach Lukas
Makk., 1.	Das erste Buch der Makkabäer
Makk., 2.	Das zweite Buch der Makkabäer
Mal.	Maleachi
Mi.	Micha
Mk.	Das Evangelium nach Markus
Mose, 1. Mose	Das erste Buch Mose (Genesis)
Mose, 2. Mose	Das zweite Buch Mose (Exodus)
Mose, 3. Mose	Das dritte Buch Mose (Levitikus)
Mose, 4. Mose	Das vierte Buch Mose (Numeri)
Mose, 5. Mose	Das fünfte Buch Mose (Deuteronomium)
Mt.	Das Evangelium nach Matthäus
Nah.	Nahum
Neh.	Das Buch Nehemia
Obd.	Obadja
Offb.	Offenbarung
Petr., 1. Petr.	Der erste Brief des Petrus
Petr., 2. Petr.	Der zweite Brief des Petrus
Phil.	Der Brief an die Philipper
Phlm.	Der Brief an Philemon
Pred.	Prediger (Kohelet)
Ps.	Psalmen
Ri.	Das Buch der Richter
Röm.	Der Brief an die Römer
Rut.	Das Buch Rut
Sach.	Sacharja
Sam., 1. Sam.	Das erste Buch Samuel
Sam., 2. Sam.	Das zweite Buch Samuel
Sir.	Sirach
Spr.	Sprüche
Thess., 1. Thess.	Der erste Brief an die Thessalonicher
Thess., 2. Thess.	Der zweite Brief an die Thessalonicher
Tim., 1. Tim.	Der erste Brief an Timotheus
Tim., 2. Tim.	Der zweite Brief an Timotheus
Tit.	Der Brief an Titus
Tob.	Tobias
Weish.	Das Buch der Weisheit
Zef.	Zefanja

Das nizänokonstantinopolitanische Glaubensbekenntnis

Dieser Text ist die Grundlage des christlichen Glaubensbekenntnisses. Im Jahre 381 formulierten Bischöfe anläßlich des Konzils zu Konstantinopel die endgültige Fassung des *Credos*, die sich in den verschiedenen Kirchen als gültige Formulierung durchgesetzt hat.

»Wir glauben an den einen Gott, den Vater, den Allmächtigen, der Himmel und Erde gemacht hat, alles was sichtbar ist und unsichtbar, und an den einen Herrn Jesus Christus, Gottes eingeborenen Sohn, aus dem Vater gezeugt, vor aller Zeit, Licht vom Licht, wahrer Gott vom wahren Gott, gezeugt, nicht geschaffen, eines Wesens mit dem Vater; durch ihn ist alles geschaffen. Für uns Menschen und zu unserem Heil ist er vom Himmel gekommen, ist Fleisch geworden aus Heiligem Geist und der Jungfrau Maria und ist Mensch geworden. Er wurde für uns gekreuzigt unter Pontius Pilatus, hat gelitten und ist begraben worden, ist am dritten Tage auferstanden nach der Schrift und aufgefahren in den Himmel. Er sitzt zur Rechten des Vaters und wird wiederkommen in Herrlichkeit, zu richten die Lebenden und die Toten; seiner Herrschaft wird kein Ende sein, und an den Heiligen Geist, der herrscht und lebendig macht, der aus dem Vater hervorgeht, der mit dem Vater und dem Sohn angebetet und verherrlicht wird, der gesprochen hat durch die Propheten, und die eine, heilige, katholische und apostolische Kirche. Wir bekennen die eine Taufe zur Vergebung der Sünden. Wir erwarten die Auferstehung der Toten und das Leben der kommenden Welt. Amen.«

Christliche Religionsgemeinschaften weltweit

	1900	1986	Voraussage 2000
Katholische Kirche	226.419.400	886.698.600	1.132.541.500
Protestantische und Anglikanische Kirche	142.577.100	449.852.300	589.327.000
Orthodoxe Kirche	115.897.700	171.489.300	199.819.000
Christliche Bevölkerung, insgesamt	484.894.200	1.508.040.200	1.921.687.500
Weltbevölkerung	1.546.724.700	4.802.965.500	6.161.477.300

Quelle: *International Bulletin of Missionary Research.*

Zwischen 1900 und 1986 hat sich die Zahl der Protestanten und Katholiken proportional zur Weltbevölkerungszahl mehr als verdreifacht. Ein ähnliches Wachstum ist bei den Mitgliedern der Orthodoxen Kirche nicht festzustellen, was sich vermutlich aus der aktiveren Missionsarbeit der Katholiken und Protestanten – vor allem auf dem afrikanischen Kontinent – seit Anfang des 20. Jahrhunderts erklärt. Der Prozentsatz der Christen im Vergleich zur Weltbevölkerungszahl beläuft sich auf etwas mehr als 31% und hat sich zwischen den Jahren 1900 und 1986 nicht wesentlich geändert. Auch für das Jahr 2000 wird die gleiche Verhältniszahl vorhergesagt.

Glossar

Apokalypse/apokalyptisch: Apokalypse bedeutet »Offenbarung, Enthüllung« und bezeichnet eine Literaturgattung, in der einem Seher göttliche Geheimnisse offenbart werden. Aus dem Alten Testament gehört zum Beispiel das Buch Daniel, aus dem Neuen Testament die Offenbarung des Johannnes zur apokalyptischen Literatur. Im allgemeinen kündigt sie das Herannahen einer schöneren Zeit nach Jahren voller Drangsal und Schwierigkeiten an. Die zu einer solchen Veränderung nötigen Umwälzungen haben im Laufe der Zeit dazu geführt, daß der Begriff der Apokalypse – im Gegensatz zu seiner ursprünglichen Bedeutung – eine dramatisch unheilvolle Wendung bekommen hat.

Apologetik/Apologetisch: Teildisziplin der Theologie, in der schriftlich oder mündlich versucht wird, durch historische oder rationale Begründungen eine Religion oder einen Teil einer Religionslehre zu verteidigen.

Credo: Aus dem Lateinischen = »ich glaube«; diese Formel leitet das Kernbekenntnis des christlichen Glaubens, allgemein *Credo* genannt, ein.

Didache: Aus dem Griechischen = »Lehre, Anweisung, Apostellehre«. Bezeichnung für eine der ältesten christlichen Urschriften, die im Jahre 1875 in Konstantinopel gefunden wurde. Diese belehrt über das christliche Leben, wie es den Aposteln von Jesus selbst mitgeteilt worden sein soll.

Doketismus: Griech. *dokeīn* = »scheinen«; bezeichnet die Gesamtheit der Häresien, die in den ersten Jahrhunderten des Christentums auftauchten und besagten, daß der Sohn Gottes nur einen Scheinleib angenommen habe.

Empfängnis, jungfräuliche: Bezeichnet die Empfängnis Jesu durch eine Jungfrau, die keinen Kontakt mit einem Mann hatte; nicht zu verwechseln mit der unbefleckten Empfängnis, die aussagt, daß Maria, die Mutter Jesu, von jedem Makel der Erbsünde bewahrt geblieben ist.

Esoterik: Lehre, die den Eingeweihten mitgeteilt wird und anfänglich von einem Geheimnis umgeben zu sein scheint. In der Esoterik sind Symbole gewöhnlich von großer Bedeutung. Heutzutage gibt es eine Vielzahl von esoterischen Veröffentlichungen, die den Menschen Zugang zu bisher verborgenen Wahrheiten verschaffen sollen.

Essener: Eine der drei vorherrschenden Strömungen (Essener, Pharisäer, Sadduzäer) im Judentum des 1. Jahrhunderts. Als Essener, zu denen die Qumran-Gemeinde am Toten Meer gehörte, bezeichnet man eine jüdische Gruppierung, die mit dem offiziellen Judentum und der Jerusalemer Priesterschaft gebrochen hatte, da sie diese für unrein und verdorben hielt. Sie selbst glaubte von sich, das wahre Gottesvolk zu repräsentieren, und lebte in räumlicher Abgeschiedenheit in einer mönchischen Gemeinschaft, die strengen Disziplin- und Reinheitsregeln unterworfen war. Teile ihrer Bibliothek, die Schriftrollen von Qumran, wurden im Jahre 1947 bei Ausgrabungen entdeckt.

Evangelium: Aus dem Griechischen *eu* (= »gut«) und *angelion* (= »Botschaft«); bezeichnet ursprünglich die frohe Kunde, die Heilsbotschaft, die Jesus den Menschen verkündete. Später wird das Evangelium zu einem literarischen Gattungsbegriff, in dem die ersten Christen die Botschaft Christi und die Botschaft über seine Heilswirksamkeit niederschrieben.

Exeget/Exegese: Exegese, aus dem Griechischen, bedeutet »das Erklären«. Die biblische Exegese widmet sich dem Bibelstudium unter Berücksichtigung aller Aspekte, vornehmlich der literarischen, historischen und theologischen. Ein Exeget ist derjenige, der sich mit dieser Forschungsarbeit beschäftigt.

Gnostiker: Anhänger des Gnostizismus, einer Lehre, die auf einem Geist-Materie-Dualismus beruht. Die Erlösungslehre der Gnosis hat zum Ziel, den Geist (als göttlichen Teil im Menschen) aus der Materie zu befreien und zu seinem göttlichen Ursprung zurückkehren zu lassen. Dabei ist Voraussetzung, daß der Mensch Kenntnis (= Gnosis) seines dualistischen Zustandes, seines Ursprungs und seiner Erlösungsmöglichkeit erwirbt. Die christlichen Kirchen werfen den Gnostikern im wesentlichen vor, sowohl das Geschenk des Heils als auch die ethischen Anforderungen abzuwerten und die verschiedenen Religionen miteinander zu vermischen.

Hermeneutik: Wissenschaftliches Verfahren zur Interpretation und Erklärung von Texten.

Josephus, Flavius J.: Jüdischer Geschichtsschreiber (37-100 n. Chr.). Seine bekanntesten Werke sind die *Jüdischen Altertümer* und der *Jüdische Krieg*. Sein Hauptanliegen war, das hohe Alter seines Volkes gegenüber den Römern zu verteidigen. Er war der erste nicht-christliche Jude, der als Zeitzeuge über das Christentum schrieb.

Kanonisch, Kanon: Aus dem Griechischen *kanôn* = »Regel, Richtschnur«; als Kanon bezeichnet man in der Theologie die Sammlung der für den Glauben maßgeblichen Bücher, also derjenigen, die zu den jüdischen oder christlichen Urschriften gehören und demzufolge als eine Art Glaubensrichtschnur dienen. Die nichtkanonischen Texte werden als apokryphe Texte oder Apokryphen bezeichnet.

Kirche: Man unterscheidet zwischen der Kirche als Gebäude und der Kirche als christliche Gemeinde. Im zweiten Falle kann der Begriff entweder dazu verwendet werden, um die Gesamtheit der Christen zu bezeichnen, d. h. alle Konfessionen (Katholiken, Protestanten, Orthodoxe, Anglikaner), oder aber, um von einer bestimmten christlichen Gemeinschaft zu sprechen: Die katholische Kirche, die griechisch-orthodoxe Kirche, die Kirche Frankreichs …

Kirchenväter: Als Kirchenväter bezeichnete man die christlichen Schriftsteller der ersten fünf Jahrhunderte unseres Zeitalters, ausgenommen die Verfasser des Neuen Testaments. Zu den Kirchenvätern zählen zum Beispiel: Der hl. Basilius der Große (330-379), der hl. Johannes I., Chrysostomos (349-407) und der hl. Augustinus (354-430).

Konzil: Versammlung von Bischöfen. Man unterscheidet zwischen regionalen und ökumenischen Konzilen, die noch heute alle katholischen Bischöfe der Welt versammeln. Die ersten vier ökumenischen Konzile fanden in Nizäa (325), Konstantinopel (381), Ephesus (431) und Chalkedon (451) statt.

Patristisch: Von den Kirchenvätern stammend. Die wissenschaftlichen Disziplinen, die sich mit dem Studium der Kirchenväter beschäftigen, bezeichnet man als Patristik (theologische Betrachtungsweise) oder Patrologie (historische Betrachtungsweise).

Pharisäer: Eine der drei Gruppierungen im Judentum (Pharisäer, Sadduzäer, Essener) des 1. Jahrhunderts. Die Pharisäer waren besonders gesetzestreue Juden und hielten sich von allen Gruppen fern, die dem Gesetz nicht die erforderliche Aufmerksamkeit zollten. Da die jüdischen Gesetze schon sehr alt waren, traten die Pharisäer allerdings dafür ein, sie durch erleichternde Bestimmungen den damaligen gesellschaftlichen Bedingungen anzupassen und praktikabel zu erhalten. Aus dieser Gruppierung gingen die wichtigsten rabbinischen Schriften, *Mischna* und *Talmud*, hervor.

Sadduzäer: Eine der drei Gruppierungen im Judentum (Sadduzäer, Pharisäer, Essener) des 1. Jahrhunderts; diese Gruppe bestand hauptsächlich aus den Mitgliedern der wohlhabenden, hohepriesterlichen Familien des Tempels in Jerusalem und vertrat eine konservative politische und theologische Richtung.

Saint-Sulpice: Eine Kunstrichtung, die Ende des 19. und Anfang des 20. Jahrhunderts damit begann, zumeist aus bemaltem Gips bestehende religiöse Statuen herzustellen; noch heute zieren einige der großen Statuen aus dieser Zeit zahlreiche Kirchen in Frankreich. Die Bezeichnung dieser Kunstrichtung stammt von einem der Pariser Stadtviertel, dem Quartier Saint-Sulpice, in dessen Zentrum sich die gleichnamige Kirche befindet und in dem diese Kunstwerke damals verkauft wurden.

Synedrium: Der Hohe Rat der Juden, bestehend aus 71 Mitgliedern, denen ein Hoherpriester vorsteht. Zu Zeiten Jesu stellte das Synedrium die oberste jüdische Behörde dar.

Synoptische Evangelien: Die drei ersten kanonischen Evangelien, das Matthäus-, Markus- und das Lukasevangelium. In großen Teilen sind diese identisch, und es besteht die Möglichkeit, sie so nebeneinander zu stellen, daß die einander entsprechenden Abschnitte der drei Werke nebeneinanderstehend verglichen werden können (Synopse = Zusammentreffen).

Talmud: Schriftsammlung der mündlichen Überlieferungen aus dem Judentum, im 4. Jahrhundert verfaßt; man unterscheidet zwischen dem ausführlicheren *Babylonischen Talmud* und dem kürzeren *Jerusalemer Talmud.*

Taufprediger: Eine jüdische Bewegung aus dem 1. Jahrhundert nach Christi. Ihre kritische Einstellung gegenüber der religiösen Heuchlerei veranlaßte sie, die Reinigung durch Wasser (Taufe) in Verbindung mit einem Bußbekenntnis einzuführen. Johannes der Täufer stand zu Anfang des Christentums für diese Bewegung, die nicht mit der in England im 17. Jahrhundert entstandenen protestantischen Bewegung der Baptisten verwechselt werden darf.

Trinität: Das Geheimnis der Dreiheit Gottes in den Personen des Vaters, des Sohnes und des Heiligen Geistes. Diese rein christliche Lehre wird von Juden und Moslems abgelehnt.

Wunder: Durchbrechung eines Naturgesetzes, auf göttliches Eingreifen zurückzuführen (vgl. Lk 1, 37).

Anmerkungen

S. 15: Gaius Plinius Caecilius Secundus, *Briefe*, Lateinisch-Deutsch, hrsg. von Helmut Kasten, München 1968.
S. 16: P. Cornelius Tacitus, *Annalen*, hrsg. von Erich Heller, Düsseldorf, Zürich, 2. erw. Aufl. 1992.
S. 16 f.: Sueton, *Kaiserbiographien*, hrsg. von Otto Wittstock, Berlin o. J.
S. 18: *Die Jüdischen Althertümer des Flavius Josephus*, hrsg. von Dr. K. Marin, Köln 1853.
S. 19: *Der Babylonische Talmud*, Leipzig 1933.
S. 20: *Der Koran. Das heilige Buch des Islam*, nach der Übertragung von Ullmann, neu bearbeitet und erläutert von L.W. Winter, München 1959.
S. 84 f.: *Die Briefe des Ignatius von Antiochien, Kommentar*, hrsg. von W.R. Schoedel, München 1990.
S. 116: R. Staats, *Das Glaubensbekenntnis von Nizäa-Konstantinopel, Historische und theologische Grundlagen*, Darmstadt 1996.

Quellenschriften

Die Heilige Schrift des Alten und des Neuen Testaments, Kirchenrat des Kantons Zürich (Hrsg.), Zürich 1955.
Die Heilige Schrift, Deutsche Bibelgesellschaft, Wuppertal 1972.
Luther-Bibel, Stuttgart 1991.
Die Andere Bibel, Frankfurt 1991.

Literaturverzeichnis

ALT, F., *Jesus – der erste neue Mann*, München, Zürich 1989.

ARON, R., *Die verborgenen Jahre Jesu*, Frankfurt a.M. 1962.

ASCH, S., *Jesus. Der Nazarener*, München 1989.

AUGSTEIN, R., *Jesus Menschsohn*, München, Gütersloh, Wien 1972.

BEN-CHORIN, S., *Bruder Jesus: Der Nazarener in jüdischer Sicht*, München, 8. Aufl. 1985.

BERGER, K., *Wer war Jesus wirklich?*, Stuttgart 1995.

BETZ, O., *Was wissen wir von Jesus?*, Wuppertal, Zürich 1991.

BONHOEFFER, D., *Wer ist und was wissen wir von Jesus Christus? Seine Geschichte und sein Geheimnis*, Hamburg 1962.

BORNKAMM, G., *Jesus von Nazareth*, Stuttgart, Berlin, Köln, Mainz, 14. Aufl. 1988.

BRAUN, H., *Jesus*, Berlin, Stuttgart 1969.

BULTMAN, R., *Jesus*, Stuttgart, Neuauflage 1988.

BULTMAN, R., JAPSERS, K., *Die Frage der Entmythologisierung*, München 1981.

BULTMAN, R., *Jesus Christus und die Mythologie. Das Neue Testament im Licht der Bibelkritik*, Gütersloh 1984.

CONZELMANN, H., *Geschichte des Urchristentums*, Göttingen 1983.

GNILKA, J., *Jesus von Nazareth, Botschaft und Geschichte*, Freiburg, Basel, Wien 1993.

JACOBS, M., *Das Christentum in der antiken Welt*, Göttingen 1987.

JEREMIAS, J., *Die Gleichnisse Jesu*, Göttingen, 7. Aufl. 1965.

KASPER, W., *Jesus der Christus*, Mainz, 2. Aufl. 1975.

LAPIDE, P., *Er wandelte nicht auf dem Meer. Ein jüdischer Theologe liest die Evangelien*, Gütersloh 1984.

LAPIDE, P., *Ist das nicht Josephs Sohn? Jesus im heutigen Judentum*, Gütersloh 1982.

LÉON-DUFOUR, X., *Die Evangelien und der historische Jesus*, Aschaffenburg 1966.
LOHSE, E., *Umwelt des Neuen Testaments*, Göttingen 1983.
LOISY, A., *Evangelium und Kirche*, München 1904.
LÜDEMANN, *Die Auferstehung Jesu. Historie, Erfahrung, Theologie*, Göttingen 1994.
MOLTMANN, J., *Der Weg Jesu Christi: Christologie in messianischen Dimensionen*, Gütersloh 1989.
PANNENBERG, W., *Grundzüge der Christologie*, Gütersloh, 2. Aufl. 1966.
PEISKER, C.H., *Züricher Evangelien-Synopse*, Wuppertal 1962.
PERRIN, N., *Was lehrte Jesus wirklich? Rekonstruktion und Deutung*, Göttingen 1967.
QUENOT, M., *Die Ikone: Fenster zum Absoluten*, Würzburg 1992.
RENAN, E., *Das Leben Jesu*, Berlin 1990.
SCHOTTROFF, L., STEGEMANN, W., *Jesus von Nazareth – Hoffnung der Armen*, Stuttgart, Berlin, Köln, Mainz 1978.
SCHWEITZER, A., *Geschichte der Leben-Jesu-Forschung*, Tübingen 1913.
STAUFFER, E., *Jesus. Gestalt und Geschichte*, Bern 1957.
STAUFFER, E., *Die Botschaft Jesu. Damals und Heute*, München, Bern 1959.
THEISSEN, G., *Der Schatten des Galiläers: Historische Jesusforschung in erzählender Form*, München 1986.
VAN DER MEER, F., SIBBELEE, H., *Christusgestalten in der Skulptur nördlich der Alpen und der Pyrenäen*, Freiburg u.a. 1980.
VERMES, G., *Jesus der Jude: Ein Historiker liest die Evangelien*, Neunkirchen-Vluyn 1983.
ZAHRNT, H., *Es begann mit Jesus von Nazareth*, Stuttgart, Berlin, Köln, Mainz 1978.

Register

Die kursiv gedruckten Seitenzahlen verweisen auf Abbildungen.